红 土 圣 地 脱 贫 大

圆

梦

江西省乡村振兴局 /组织编写

褚兢 /著

江西教育出版社
JIANGXI EDUCATION PUBLISHING HOUSE
·南昌·

图书在版编目（CIP）数据

圆梦 / 江西省乡村振兴局组织编写；褚兢著. ——南昌：江西教育出版社，2021.7
（红土圣地脱贫大决战）
ISBN 978-7-5705-2700-7

Ⅰ.①圆… Ⅱ.①江…②褚… Ⅲ.①扶贫–工作经验–江西 Ⅳ.① F127.56

中国版本图书馆 CIP 数据核字 (2021) 第 116219 号

圆梦
YUANMENG

江西省乡村振兴局　组织编写
褚　兢　著

江西教育出版社出版

（南昌市抚河北路 291 号　　邮编：330008）
各地新华书店经销
南昌市印刷十二厂有限公司印刷
720 毫米 ×1000 毫米　　16 开本　　15.5 印张　　字数 190 千字
2021 年 7 月第 1 版　　2021 年 7 月第 1 次印刷
ISBN 978-7-5705-2700-7
定价：49.00 元

赣教版图书如有印装质量问题，请向我社调换　电话：0791-86710427
投稿邮箱：JXJYCBS@163.com　　电话：0791-86705643
网址：http://www.jxeph.com

赣版权登字 -02-2021-426
版权所有　侵权必究

前言

千年夙愿，百年求索，一朝梦圆。

2021年2月25日，一个将被历史永远铭记的时刻，习近平总书记在全国脱贫攻坚总结表彰大会上庄严宣告：我国脱贫攻坚战取得了全面胜利。

回首看去，在八年脱贫攻坚的时间坐标上，镌刻着多少熠熠生辉的印记，记录着多少彪炳史册的人间奇迹。这是中国人民的伟大光荣，这是中国共产党的伟大光荣，这也是中华民族的伟大光荣！

江西是革命老区，是全国脱贫攻坚主战场之一。在全省100个县（市、区）中，有原中央苏区县54个、原贫困县25个、罗霄山片区县17个。截至2013年末，全省还有346万农村贫困人口，贫困发生率达9.21%。丰衣足食多年来都是赣鄱儿女的朴素愿望，从800多年前朱熹提出"足食为先"到90多年前革命的圣火在井冈山点燃，这方红土圣地上承载着中国共产党的初心使命。面对艰巨的脱贫攻坚任务，全体扶贫干部立下愚公之志，勠力同心，尽锐出战，在赣山鄱水之间沐雨栉风，演绎出当代版的干群鱼水真情，兑现了向党中央签订的"军令状"、向人民立下的"承诺书"，交出了一份优秀的脱贫攻坚"成绩单"，书写了人类减贫史上中国奇迹的江西华章。江西省所有贫困县全部摘帽，3058个"十三五"贫困村全部退出，贫困人口全部脱贫。

铭记历史，是为了更好地开创未来。为此，江西省乡村振兴局（原江西省扶贫办公室）本着对历史负责的态度，与江西教育出版社共同策划出版了"红土圣地脱贫大决战"系列图书，从脱贫攻坚"十大行动"、牺牲的扶贫干部代表和脱贫攻坚典型3个切面再现江西脱贫攻坚的峥嵘岁月，记录赣鄱大地脱贫攻坚的光辉历程。3位作者重回脱贫攻坚故事发生地，访问了大量的脱贫攻坚参与者和亲历者，搜集了许多生动鲜活的素材，最终将这套书写真人真事、凝聚真情实感的纪实文学作品呈现在读者面前。

《圆梦》这本书的作者带着对红土地的深情，踏访我党早期开辟革命根据地的地方，感受万里长征的出发地旧貌换新颜。作者选取井冈山、赣州（于都、瑞金、安远）、九江修水、抚州（广昌、乐安、资溪）、上饶（弋阳、横峰）、萍乡（安源、莲花、芦溪）等地，以一个设区市为一个专题，从脱贫攻坚典型经验到"不让一个老区群众掉队"的突出成绩，全景式地展现脱贫攻坚这项伟大工程为江西带来的翻天覆地的变化。全书将江西各重点革命老区串连起来，通过描写村庄、城镇的今昔对比，突出历史纵深感，反映前后变化，把赣鄱儿女自强不息的精神转化为建设富裕美丽幸福现代化江西的强劲动力。

《绽放》所书写的15位主人公有一个共同点，那就是为了脱贫攻坚献出了自己宝贵的生命。作者深入这些扶贫干部生前的帮扶点，与村民们促膝长谈，深入了解扶贫干部的工作细节，还原他们在没有硝烟的战场上的点点滴滴，记录他们生前的动人瞬间。被洪水冲走的程扶摇，失足踏空的肖新泉，意外翻车的吴应谱、樊贞子夫妇，乡村医生出身的谢仕发，"红都好人"廖德熙……作者在讴歌扶贫干部的先进事迹时，不是生硬地说教，而是充分融合了讲故事的技巧、诗歌的抒情性和报告文学的在场性，扶贫日记、办公现场、与贫困户零距离交流以及脱贫后的美丽山村，一个个画面在书中交相呈现。这是一部珍贵的反映扶贫干部精神的纪实文学作品，彰显了信仰之美、崇高之美，铸就了新时代共产党人的精神丰碑。

《逐梦》这本书则是从江西众多的脱贫攻坚先进人物中选择了一批自力更生的奋斗典型、一批务实笃行的贡献典型、一批无私奉献的社会典型进行浓墨重彩的书写。这30位"脱贫战士"，既有被国家表彰的脱贫攻坚人物，又有奋战在脱贫一线的社会各界人士，还有一群自我觉醒的脱贫群众。他们在"精"字上下功夫，在"准"字上谋实招，他们与百姓群众一起做新时代填海的精卫、移山的愚公，他们敢于向贫困宣战并在脱贫攻坚中实现人生的价值、书写精彩的传奇。

一时代有一时代之精神，一时代有一时代之文艺。《圆梦》《绽放》《逐梦》这3本书有脱贫攻坚基本理论的运用与实践，也有农村工作的创造性经验总结，是沾泥土、冒热气、带

圆 梦

露珠的时代影像剪影，也是有筋骨、有道德、有温度的文艺作品。3位作者以饱含深情的笔触从不同视角、不同侧面，生动再现了脱贫攻坚这一伟大工程的典型片段和精彩瞬间，谱写出了红土地上脱贫攻坚的动人篇章。这是我们对一个时代的集体礼赞。

风雨过后见彩虹，唯有文字留芬芳。

有的人和事，历史必将铭记。

红 土 圣 地 脱 贫 大 决 战

目录

01 又见杜鹃万山红
——从"天下第一山"到"脱贫第一县" 001

02 赣水那边红一角 025

03 搬出深山天地宽 073

04 风卷红旗过大关 111

05 松竹梅兰佳山水 157

06 赣西明珠今胜昔 201

又见杜鹃万山红

——从『天下第一山』到『脱贫第一县』

↑ 2020年1月11日，井冈山市神山村

五百里井冈山，泱漭浩茫，如龙蛇盘旋于湘赣边界罗霄山脉的中段。那里山深林密、人烟稀少，易于不堪苦楚、揭竿而起的农民队伍藏身，因此，将近100年前，一粒星星之火洒落在这里，孰知竟形成燎原之势，直至把沿袭了数千年的封建制度焚毁得溜干罄尽。

井冈山早先并不叫这个名字，这个名字是伴随着红军的诞生而兴起的。在当地流传下来的典籍中，那纵横五百里的大山，并没有一个统一的名号，倒是山中五指峰下有一个村庄，人称"井江"。所谓"井"者，人群聚集之地也，但凡有人口的地方必有井，这是自古以来的事实。除了"井江"这个地名，这一带还有被称作"大小五井"的地方，都是村落、人口聚集之处。而"江"呢，大约是村旁有一条相对宽阔的河水涓涓流过，有井有水，人们便称这个地方为"井江村"了。"江"在当地人的读音中，与"冈"完全一样，后来不明就里的人果然就把"井江"写成了"井冈"！据《吉安县志》记载，早先，这里曾出现过一个叫井冈的市场，明代，政府专门在该市场设立了井冈巡检司，以司市场管理之职，不过，那个井冈巡检司位于吉安县城内，距离后来的井冈山区域足有150多千米！

1927年，毛泽东率领秋收起义的部队沿着湘赣边界的山间小径，来到离永新县城和宁冈县城都不远的一个叫三湾的小村，在那里实行军队改编，并探寻下一步的前行方向。毛泽东获得情报，在距两座县城不远

圆 梦

的山中,有一股起义的农民队伍,正在那里"占山为王"。尽管农民军武器落后,又缺乏给养,但意志坚定、战术灵活,县城的保安团剿了几次,还真拿他们没办法。毛泽东还获知,农民军中的两位首领一直都是好友,他们本不是一伙,却歃血为盟,结成至交,各领自己的手下,分驻山上的不同地方:王佐最先上山,驻扎在山上的核心地带茨坪,袁文才后来参与进来,王佐腾出一块地方由他驻扎,即与茨坪相毗邻的茅坪地区。两支队伍驻地不同,却互成犄角之势,互相呼应,外人要想攻打农民军,难以轻易得手。毛泽东还得到一个情报:袁文才曾担任永新县保安团团长,见国民党党内争权夺利乱作一团,心下不屑,返身又加入了中国共产党。获得这些情报,对毛泽东采取下一步行动有重要帮助,他派人上山找到袁文才,晓之以理,动之以情,说服袁文才接纳他所率的秋收起义队伍入山休整。毛泽东很快获得了袁、王二人的信任,随着朱德、彭德怀分别率参加广州起义和湘南起义的官兵来到山上,山上红军再次整编,袁、王二人所率部队正式归并到红军队伍中,成为井冈山革命根据地红色武装的一支力量。

毛泽东在井冈山时期,曾执笔向中央汇报当地武装斗争的情况,1928年,为了给中央写出行文简洁、表述清晰、语法凝练的报告,他第一次将红军活动的整个井冈山地区用"井冈山"三个字概括起来,这就是有名的《井冈山的斗争》。"井冈山"这个名词第一次诞生于党的历史文献中。1928年9月,毛泽东曾写下赞美红军打破敌人"进剿"的词,题目就叫《西江月·井冈山》。

当然也有另一种说法,说井冈山得名源自清代的井冈山村,起先"冈"是带"山"字头的"岗",后"山"字头又被抹去。不过此说佐证并不充分,故采信者不多。

其实,不光是"井冈山"这个名字,井冈山上还有不少地名随着岁月的变迁而演变转化，或异于原意，或令人费解。如井冈山市的中心所在地茨坪，是山上最大的一块相对平坦的土地，明末有人在这里建起了村庄。当时这一带长满柿子树，百姓叫它"柿坪"（此说见于《鲤鱼洲纪事》一书中张文定所撰文《我在鲤鱼洲上大学》），后来讹传而为茨坪。又比如井冈山脚下有一个客家乡，原名叫"霞溪乡"，颇有中原文化的古风古韵，后来也纯粹因读音相似，被讹写为"下七乡"——不光民间，就连政府公文、地方志书中也如此记录，"下七乡"的名字就这么流传下来。

井冈山在中国革命史上的地位是十分重要的，老一辈无产阶级革命家对它充满深厚的感情。朱德于20世纪60年代重回井冈山，挥笔书写了"天下第一山"五个大字，迄今耸立在进山的那面迎风飘扬的石雕旗帜上，闪着岁月的熠熠光芒。

井冈山的历史是厚重的，对中国革命的贡献是巨大的，但它的发展却受到滞碍，经济发展和百姓致富与外地比差距很大，这既有外因，也有着内因的制约。

经历了改革开放40多年的发展，中国沿海地区已呈现欣欣向荣的景象，那几座特大型城市，从外表到内涵，早已跨上了世界一流的地位，夺目耀眼，金碧辉煌，既让国人自豪，也让世界钦羡。但是，事物总存在着另一个面——在老（老革命根据地）、少（少数民族）、边（边远）、穷（穷困）地区，仍有或连片、或分散的地方处于原始而落后的状态，那里老百姓的生活水平，远低于城市的标准，生产潜能得不到发掘，生产力无法获得提高，竟成为一个普遍的、长期难以解决的问题。《莲花县志》曾如是记载：（井冈山）离省郡较远，故安于固陋。溪石不通大舟，市肆难售重货。直至新中国成立后许多年，国家虽然给这块老革命根据地拨付了不少资金开展基础设施建设，但普通老百姓的日常生活一直未获得根本性变化。

从经济学角度来研究，这里的人流、物流乃至信息流处于相对阻塞状态，尽管井冈山管理局和市委、市政府都时刻注意把百姓冷暖挂在心上，但限于资金不足、交通不便以及生产方式的局限，总是有部分百姓，无法走出大山的约束，也无法走出生活的困境。"井冈山既是精神高地，同时也是经济洼地"——这是了解井冈山底细的人所做的毫不留情的评价。

不过，事情总会起变化。讲到井冈山的脱贫攻坚，不能不从2016年春节前的那一天说起。

2月2日，正是农历小年前夕，天空下着蒙蒙细雨。中共中央总书记习近平在江西省、吉安市和井冈山市领导的陪同下，乘一辆中巴车，来到井冈山市茅坪乡的神山村。

听说总书记来了，村里的百姓"呼啦"一下全出来了，大家围在村委会门口，向总书记问好，对他冒着霏霏寒雨，在小年这一天来看望村民表示感动。村民们心中滚过一阵热流。

我们简要介绍一下神山村。这个村地处黄洋界脚下，海拔800多米。全村有54户242人，耕地198亩，山林4950亩。一直以来，这个小小的山村都是典型的贫困村，交通闭塞，业态单一，连上一次墟都要在路上花费三四个小时。老百姓致富的门路不多，除了种水稻，就是卖毛竹。由于无法对毛竹做深加工，因此砍一天的毛竹卖不到几个钱。总书记了解了村里的情况，他指出，在扶贫的路上，不能落下一个贫困家庭，丢下一个贫困群众。总书记的殷殷叮嘱让大家心中升腾起一股希望和暖流。随后，总书记进入到两户人家去考察他们家里的情况。在当年的红军号手、烈士左桂林的曾孙左香云家中，习近平总书记听取了这位年轻的"红四代"返乡创业的业绩和规划，不住点头赞许，希望他为家乡父老做

01　又见杜鹃万山红

→ 彭夏英

好表率，为推动全村尽快摆脱贫困做出积极贡献。紧接着，总书记又到了村里典型的贫困户彭夏英家。原先，彭夏英家男人外出打工，挣点工钱回来还可养活一家6口（老母亲、夫妻俩和3个孩子），可有一年他在工地上不幸摔伤了腿，成了残疾，也丧失了大部分的劳动能力。家里的担子一下子全落在了彭夏英身上，她感到肩膀上的压力沉甸甸的。她纠结着，这一下要如何伺候好老公的后半生，并拉扯大3个孩子。除此之外，她对其他的事，并不敢有更多的奢望。

可是，她万万没有想到，总书记偏偏迈进了她家的门。

总书记先进厅堂，再看厨房，打量了一阵之后，又拿起遥控器，试了试电视机信号。然后，他示意彭夏英与自己并排坐下，在厅堂的饭桌前聊起了天。

看起来是随意闲聊，但总书记句句不离老百姓脱贫致富的话题，让彭夏英深深地感受到党的关怀和温暖。

具体聊天的情况，当时的各家媒体都有报道，这里不再赘述。

总书记离开后，政府资助了彭夏英家7头羊，还请专家教她如何喂

圆 梦

↑ 在彭夏英经营的"农家乐"餐馆里，游客正在品尝佳肴

养和防病治病。3年之后，她家的羊群就繁殖到几十只了，其中小羊有10多只。按照1只羊羔上千元的价格计算，仅养羊这一项，她家的收入即已达到脱贫标准了。此外，彭夏英还开办了全村第一家"农家乐"餐馆，兼带售卖自家生产、制作的土特产品，比如茶叶、笋干、果脯、养生醋姜……又培育兰花、映山红等盆景出售，一年下来，全家的收入可达10万元以上，一时成为神山村脱贫致富的典型人物。

总书记在神山村待了70分钟，离开前，看见一位老者正在石臼里打糍粑，这可是他早年在陕北插队时干过的农活。他接过木杵，熟练地干起来，引来村民一阵掌声。

作为隐藏在老区、山区里的一座小村，神山村一直没能等来发展的机会，这不是山里老表脑筋死板、见识浅薄，而是因了一句话：尚未到"天时地利人和"的时候！

此时，有利于全村发展的时机终于来了：党中央发出要在2020年全面实现小康，而且"一个都不能少"的号召，这是"天时"；井冈山是红色革命根据地，有着巨大的品牌优势，这是"地利"；习近平总书记亲自来到村里看望百姓，进家入户，给大家鼓劲提气，这是"人和"，三者具备，神山村开始了全面脱贫奔小康的征程。

自从习近平总书记亲临神山村视察的消息被新华社等全国各大媒体报道后，前来神山参观的人流络绎不绝，有关部门统计，一年总量不在20万人以下。村民将习近平总书记前来视察的照片以及他对村民所做的重要指示制作出来，悬挂在村头，甚至把总书记打糍粑的石臼和木杵也仔细保留，供游客们观摩；他们还将自己制作的糍粑取名为"神山糍粑"，这是打造品牌效应；他们在农技部门指导下，种植黄菊，开发"金丝皇菊"饮品；他们将自家茶园里采摘的茶叶制作成"井冈红"，增添了井冈山的茶叶品种；神山村还获得了来自外界的支持：江西科技师范大学研究生院一批研究生来这里帮助种植黄桃。

黄桃的种植在中国已有三四千年的历史。这种水果是蔷薇科桃属植物，因果肉为黄色而得名。它的硒、锌等含量明显高于其他水果，食用

→ 红心黄桃

圆 梦

↑ 神山种植红心黄桃的果农迎来收获季

时,口感软中带硬,甜多酸少而且香气浓郁,常吃可起到润肠通便、延缓衰老、提高免疫力等作用,有人称其为保健水果、养生之王。

研究生们学了技术,更有老师指导,因此对种植黄桃很有信心。他们带着扶贫的目的来神山村,只不过是想为老区人民尽一份"绵薄之力",可是遇到的瓶颈却是资金问题。但这点并没有难倒头脑灵活、高智商的年轻人,他们按照时兴的做法,在网上发起众筹,研究生们打出"桃醉井冈——红色茅坪奔赴小康筑梦工程"的旗号,以神山村的红心黄桃园基地为背景,将这面体现了青春和热情的旗帜展开在面前,面对镜头、面对网络,露出自信而坚毅的笑容。他们的宣传口号是:

"众"一棵桃树

"筹"百里桃园

他们的众筹活动还标注了"赏金":共分1元、88元、168元、1280元4个等级,其中支持最高等级金额者,可获得一棵井冈红心黄桃树和该树1年的全部收成,同时在黄桃成熟之际,将受邀来井冈山茅坪乡神山村黄桃种植基地参加黄桃节,免费参与观光、赏桃和采摘体验,并赠送神山村民俗体验一晚(一人)。众筹方案还同时公布了项目预算表、资金使用承诺书,资金使用倘有结余,将全部留在桃醉井冈工作室,用于精准扶贫活动。

为了取信于民,众筹方案还公布了众筹活动的负责人名字、手机号、微信号等,以利于公众监管。

这一神奇的众筹活动一经启动,即刻在网上引起巨大反响,有着相同理想和抱负的年轻人纷纷起来响应,很快便取得了满意的效果。吉安市委常委、井冈山市委书记刘洪对这些年轻人的创意和奉献很是满意,他饱含深情地说:"这些年轻的研究生,在这里交出了他们面对社会的第一份完美答卷!"

如今,神山村民有了一句俗语:"糍粑越打越黏,日子越过越甜。"确实,几年时间,神山村的面貌发生了翻天覆地的变化!全村人均收入由2015年的不足3000元,提升到2018年的9000多元,2019年全村人均收入过了万元,完全摆脱了贫困,达到了小康标准。

↑ 糍粑越打越黏,日子越过越甜

神山村,是标准的客家村,客家人有一句谚语:

食唔穷,着唔穷,么画么算一生穷。

圆　梦

意思是一个人吃不穷，穿不穷，但生活中没有计划，会穷困一辈子。而今，神山人视野开阔了，气场强大了，他们自编了一部《神山感恩三字歌》来表达自己的精气神：

神山村，山坳里，千百年，贫瘠地。乙未年，总书记，携春来，送暖意，今回首，仍历历。

一夜间，春潮起，草木苏，千帆举。

日日新，月月异。羊肠道，变街衢，断桥连，路接续，小沟渠，修整齐，水车转，清小溪……土坯房，成记忆，环村路，更靓丽。安全水，甜如蜜，卫生厕，入画里。村容美，真宜居，如仙境，桃源地。风雨来，有挂记，霜雪至，有提及。

产业兴，一批批，老和妇，浸糯米，打糍粑，生意隆……黄桃树，种遍地，开红花，结富粒。合作社，连一体，农家乐，笋沾雨，炊烟升，风味异，立协会，统管理，土特产，变俏女，金凤凰，山里鸡，活水来，养好鱼，茶叶香，飘四季。神山牌，名鹊起，竹筒酒，山中玉，亮清清，甜蜜蜜。竹木林，绿银行，不乱伐，鸟欢啼……

脱贫战，来破题，举措新，拓荒犁。形式多，先锋急。串景点，连景区，深融合，游全域，行步道，全建齐。停车场，好几里，山外客，密如蚁。乐体验，留足迹……乘兴来，满意去，兴民宿，留客居。兴致高，族无忌，帮扶队，聚合力，倾心血，提志气。扶助金，入股去，到年底，有红利，连年增，永受益……

多个人，有名气，彭夏英，勇自立，战贫困，金句题，"红杜鹃"，是赞誉。左香云，有能力，致富路，急奋蹄，思路广，

01 又见杜鹃万山红

忙生意，大市场，小工艺。新理念，促升级，热心肠，听民意。赖佰芳，原无居，政府帮，众心聚，甘替苦，住公寓，好日子，活出趣。

神山人，变化巨，口袋丰，家富裕，腰包鼓，脑不瘠。活动多，触书籍，评先进，美名记，爱心墙，笑容聚。深贫户，已无一，暂贫者，信心提。等靠要，都摒弃，自强路，皆卖力。小轿车，已无奇，新电器，入家里……小康路，都走起，不缺席，一二一。

……频欢歌，多笑语，神山村，仅一隅。小缩影，大道理，时代卷，共答题，作答人：十四亿。

《三字歌》出自村民之手，语法句式绝非完美无缺，但其中包含的朴素纯真的感情，是习惯于阳春白雪的诗人们所无法表达出来的！

习近平总书记对神山村脱贫工作的指导，也就是对整个井冈山市的指导。井冈山市委、市政府（时任井冈山市委书记的刘洪兼任井冈山管理局局长）对习近平总书记的号召认真响应，积极贯彻，在扶贫攻坚、全面小康的战略中，以高度的政治站位，竭尽全力落实好重视民情、服务民众、改善民生的责任和使命。

井冈山首先做的工作是摸清底

↑ 神山村的幸福人家

数。井冈山的居民，究竟贫困到什么程度？这是必须切实掌握的第一手材料。

经过多年的扶贫济困，中国大地上，早期的绝对贫困户和贫困人口生活已有了根本性改善，无论在城镇还是乡村，哪怕是深山沟里，基本上看不到有冻馁之虞的人，也就是说，绝对贫困的问题已大体解决。但是，贫困户和贫困人口的认定，也和整个社会一样，在"与时俱进"地不断更新。解决了"吃不起饭""住不起房"的问题，接踵而来的则有"读不起书""看不起病"，生活质量相对贫困化的问题。习近平总书记下基层调研，去了不少贫困地区，他说他到这些地方去的"目的只有一个，就是看真贫、扶真贫、真扶贫"，他殷切地说：

> 不了解农村，不了解贫困地区，不了解农民尤其是贫困农民，就不会真正了解中国，就不能真正懂得中国，更不可能治理好中国。

按照习近平总书记这一思路，井冈山市依据所掌握的贫困样本，摸清底数，为市里决策提供底数。从市领导到普通公务员，推行"进村入户大走访"，大面积到下面搞调查，下基层的面达到100%。收集回来的情况，引起大家的不安。就井冈山而言，扶贫工作长期在做，但一直是"面上掌握"，没有精细到户、到人，这次发现，井冈山市总人口为16.8万，贫困面超过10%，而同时期全国贫困面才0.54%，井冈山贫困人口中，残疾人口、因病致贫人口比重较大，且多半为低文化层次，甚至文盲、半文盲者，这种老少边穷地区的贫困代际传承已经进入到第三代甚至第四代的程度。中国社会发展不均衡的现象，在大城市、超大城市与老、少、边、穷地区的对比中，显得越来越强烈！市里意识到，中央提

01 又见杜鹃万山红

→ 井冈山神山村的乡村旅游红红火火

出的扶贫要求是"精准发力",一定要因户施策、因人施策,要扶到点上、扶到根上,正是基于对现实情况的透彻了解!尤其是习近平总书记在视察井冈山时提出了"井冈山要在脱贫攻坚中作示范、带好头"的郑重嘱托,市里的干部都感到肩上的责任深重,他们暗自发誓:井冈山市的脱贫时间、质量和成效一定要居于全国第一方阵,要对得起井冈山人民的期望,对得起党中央的重托!

如何"精准发力"?井冈山独创了"三卡识别"的方式,以确定扶贫对象以及扶贫的等次和具体措施。

"红卡",发给特困户,其标准为无业、无力、无法依靠自身力量摆脱贫困的人家。对这类人家,主要扶助措施就是政府机构和乡村两级给予资金帮助,以解除温饱之虞。

"蓝卡",发给一般贫困户,致贫原因为家中缺劳动力、缺教育、缺资金、缺技术,政府的责任是提供相应帮助,找到致富门路,帮助他们尽快摆脱贫困。

"黄卡",发给初步脱贫,但尚不稳定,有可能返贫的人家。

通过大调研、大排查,得出结果为:井冈山市共有47779户人家,

圆 梦

当时仍有44个贫困村,"红卡"户1483户,5014人;"蓝卡"户2218户,7787人;"黄卡"户937户,4413人。

摸清了"底数"、建立了相关的"百姓档案",市里扶贫工作"精准施策"就有了牢靠的基础。基层干部根据他们做工作的切身体会评价说:"马虎作风一扫空,群众口服心也服!"

在"三卡"认定过程中,市里有关部门确定了详细标准,指标量化、过程透明、信息公开,规定:家中人口中有财政系统发工资的,建了新房买了私家车的……均排除在外,总之,做到"应扶尽扶,一户不少;优亲厚友,一个不行"。睦村乡河桥村的谢霜月,丈夫病逝,她只身带着两个年幼女儿,家庭生活陷入困境。驻村工作队及乡村干部了解到这些情况后,主动为其建档立卡,作为"红卡"户予以精准帮扶,让她深为感动。

中国式扶贫,迥异于国外的扶贫事业,有人归纳其特点为:

1.五级书记抓扶贫。中央、省(直辖市)、市、县、区和乡村分别承担从规划、统筹、布局到贯彻、创新、落实的责任。

↓ 井冈山市拿山镇蔬菜基地

2. 财政、金融双投入。中央给予的财政资金为400亿元人民币,自扶贫攻坚战打响以来,每年以30%的额度增长。此外,还有国企赞助、个人捐款、各种基金会支持等。

3. 多元化扶贫。包括产业扶贫、行业扶贫、定点扶贫、易地扶贫、交通扶贫、水利扶贫、教育扶贫、健康扶贫、生态扶贫、金融扶贫、劳务输出扶贫、农村危房改造、土地增减挂钩支持扶贫、水电矿产资源开发资产收益扶贫……

重视提高,投入加大,但使用效率如何能更加有效,是各地不能不面对的问题。

中国国际扶贫中心副主任黄承伟有一次针对这一现象坦言,钱到了地方比较分散,就像烧水,总是在五六十度。他明确表示:"要想烧开,必须加火,把全部资源集中起来。"

井冈山的扶贫工作有一个鲜明的特点就是扶持经济业态的形成和发展。这些年,井冈山新发展的业态包括全域旅游、观光农业、三产融合、构建新型产业园区以及发展民宿经济、红色培训等,这是一种集中资源、凝聚力量、形成合力、握拳出击的方式,通过形成"上下衔接、左右联动、加大倾斜、合力推进"的良好机制,井冈山的经济业态发展迅速,势头很好。前面讲到的神山村黄桃基地,就是一种新兴业态,给山上贫困乡村和农户带来了意想不到的收获。

大陇镇有一个案山村,也是个很有意思的地方。案山,这一名字比较古雅,它是说村前的山岭像一台书案,意味着村里会出读书之人。但事实偏偏并没如人愿,直到2013年底,全村人均收入才满2600元,低于全市各乡村的人均水平!大陇镇新任的党委书记刘济光,南昌大学历史系毕业,长期在基层工作,对山区百姓有着深厚的感情。他决定"亲自承包"案山村的脱贫责任,他想好了一个办法,把大陇镇和案山村当作全域旅游的景点来打造、来开发。他结识了一家名叫"陇上行"的生态农业开发有限公司的老总，两人兴趣相投，相交甚欢，谈到开发大陇镇的全域旅游业态，竟然一拍即合：镇里出政策，老总出资金，请广州的专家做设计，项目做出来后，贯穿于其间的红色元素、绿色元素和时尚元素竟然协调一体，毫无相违之处，受到游客们的一致好评。刘济光的这一"创举"，自然成为井冈山上的一个典型。

这里需要说明的是，大陇镇的全域旅游项目开发，其重心是帮助山民解决贫困问题，政府当"龙头"，各村当"龙身"，贫困户则在"龙飞凤舞"中获得收益。

回忆打造大陇镇案山村这个4A级景区的艰辛，刘济光不无感叹地说："杂屋、牛栏拆了；瑶背村（小组）将泥巴路、断头路打通修成水泥路；家家门口砌水沟水渠，建化粪池；路上装太阳

↑ 井冈山大陇村发展红色旅游如火如荼

↑ 案山村全域旅游航拍

能灯；鸡、牛统一住进'新居'。村里村外新建休闲广场、凉亭，朱毛挑粮小道休息处，也开辟成一个小型公园……"尽管如今刘济光已经调到其他地方工作，但几年的扶贫攻坚，让他一直有难以忘怀的感慨。

大陇镇案山村的旅游开发形成明显效果后，中国井冈山干部学院将这里作为外景教学点之一，全镇一年接待全国各地考察团300多批次，有100多家媒体记者对其进行了采访报道。

井冈山还有一处叫"鹅岭"的地方，其状像鹅，故而名之。

鹅岭位于井冈山五大哨口之一的桐木岭北面，早在晋代就有人居住。鹅岭是个小乡，人口才6000多，出的名人也不多，最知名的就是近现代龙宝林、龙钦海、龙超清一家祖孙三代（而这三代人之知名，主要得益于孙子龙超清——他曾担任过中共宁冈县委书记，是袁文才的入党介绍人,策动袁文才发动起义,后来却成为杀害袁文才的极力主张者)。

鹅岭乡的人文历史悠久,自然风貌也颇相匹配。如山间有一石,名"万卷书",盖因其石上纹理起伏,如书卷叠印状。还有据说是许真君留下的"试剑石",又有一"神钟",钟上镌有铭文:

> 鹅山苍苍,江水泱泱,仙子灵迹,远自汉唐……作钟道记,炼音铿锵,朝迎扣挚,声振八方……

鹅岭地处深山,土壤、空气、水源等未曾遭受城市化进程的污染,有关方面曾请专家前来抽检,检验结果令人大为欣慰:在鹅岭乡周围5公里范围内,从农残到重金属含量等465项指标,完全符合欧盟标准,也符合中国有机农业认证标准。于是,当地党政干部首先想到的就是,借助这一方清幽纯朴的净土,种植绿色蔬菜,以满足生活日益改善的城镇居民的需要。乡里面之所以会产生这一念头,得益于他们获得的一个信息,那就是早在2013年,井冈山市就成立了一家集生产、加工、销售芦笋、药材及其他相关产品为一体的现代农业生产企业,公司依托江西省农科院蔬菜花卉研究所的技术支撑,整个生产、加工环节实行全过程标准化程序管理,确保产品质量追究的可溯性和居民消费的安全性。其发展势头和成长速度一直可观,影响力也在不断提升。通过联络、沟通、商谈,公司很爽快地答应了鹅岭乡的请求,并签约进驻。

公司正式入驻鹅岭乡后,专门取了个名叫"井冈山市瓯峰农业科技有限公司"(以下简称"瓯峰公司"),鹅岭乡踊跃配合,征集农民土地,交付瓯峰公司租种,瓯峰公司用最快的时间,建立起280余座、总计10万平方米的标准化钢架大棚。大棚里采用现代技术,设置了水肥一体化的滴灌系统,成为井冈山市第一家示范样板。大棚里面,连片种植了芦笋588亩、覆盆子200亩，加上配套建设的万吨冷库及冷链配送系统，使得一座现代化有机芦笋基地在这片红色土地上"拔地而起"。公司生产的新鲜芦笋很受市场欢迎，一边进入超市，一边上网销售，很快，其品牌就在线上打响。据研究，芦笋有防癌抗癌功能，而其口感又非常好，在江浙一带非常受大众欢迎，江浙那边的芦笋基地星罗棋布，而且不少生产基地还改成了培训基地，以满足外地人的学习需求。而井冈山市瓯峰农业科技有限公司出产的芦笋，因质优而价高，曾卖到全国同类产品的最高价：每公斤75元。芦笋种植存在一个很大弊端就是因为鲜嫩，口感好，容易长虫。为了确保纯天然、无公害的品质，老板李正提经过琢磨，发明了独特的除虫方式，他归纳为"人抓、鸡吃、灯杀"。他曾将自己总结出来的方法给前来授课的农业专家做示范：虫子刚生长出来，用手去除即可；虫子多了，则用绳子将成行栽种的芦笋用一根绳子牵连起来，然后晃动绳子，躲藏在芦笋里的害虫便会蜷缩成团，坠落下来；与此同时，放大量的鸡进来啄食，虫害很快就清理干净了。省里的农业专家对李正提"发明"的这门芦笋除虫绝技很感兴趣，回去后，他将它写入讲义当中，准备讲课时使用，为此还专门来电话征得李正提的许可。

李正提的瓯峰公司经济效益很明显，其扶贫济困的效益也很明显。当初与村委会和农户签订土地租赁合同时，就按照市里统一发布的标准，加入了类似于"三金"（租让金、分红股金和劳务薪金）的内容，尤其是"三卡户"优先的条文，给鹅岭乡老百姓吃了颗大大的定心丸。几年下来，凡与瓯峰公司建立了经济联系的农户，每户平均收入在20000元以上，少的人家有上万元，多的可达35000元。

江西省蔬菜产业科技特派团会定期来鹅岭乡举办芦笋种植技术培训班，培训对象包括有条件摆脱贫困的农户，这些年，累计培训农民200余户。

圆　梦

李正提的父亲李秉先是来自温州的一位成功企业家，在井冈山扶贫政策感召下，来到这里开发创业，获得成功，荣幸地成为吉安市政协委员；而其子李正提则在鹅岭乡入的党，被评为优秀共产党员。他结婚后，把妻子也带到井冈山来一起创业，就连宝贝儿子也在井冈山出生。他时不时对人开玩笑说："我现在也成为井冈山上鹅岭人了！"

睦村乡得名很早，古时这里植被丰茂，草木丛生，人称"木邨（音同'村'）"。后来聚集人口渐多，有龙、刘、王、谢、谭、侯等姓氏的人杂居，为敦促百姓和谐相处，更名为"睦村"。

井冈山在扶贫攻坚的路上，选择在睦村这个地方发展奈李产业，全乡共种植奈李4000多亩，通过举办奈李文化节，评选"单果奈李王""单株奈李王"，举办"奈李文化书法精品展"等多项活动，奈李这种果子，成为睦村百姓致富的主要产品。

还有通过引进吉安县知名品牌"横江葡萄"，推广绿色食品桑葚、草莓、八月瓜等深受市场欢迎的产品，井冈山上的百姓奔向小康之路的信心越来越足，意志也越来越坚定了。

此外，科技扶贫（科技部在井冈山建立了院士工作站、井冈山的拿山镇引进全国知名的九丰公司构筑井冈山市高科技农业博览园）；产业扶贫（福建林业大学、南京农业大学、西北农林大学、江西省茶叶研究所、宁波市农科院协助

↑ 井冈山市拿山镇江边村，一名脱贫致富的农民正在自家的大棚里忙着采摘西红柿

井冈山建立了菌草研究中心、猕猴桃工作站、井冈山茶叶实验站……）、生态扶贫、文化扶贫、网络扶贫（也叫电商扶贫，即通过电子商务平台，结合民宿、物产等销售，推动井冈山的扶贫事业），甚至低保扶贫、教育扶贫乃至搬迁扶贫……多种模式同步推进，形成合力，对井冈山的扶贫攻坚起到了巨大作用。

走进井冈山，众多的旅游景点美不胜收，而今，该市又在中央和省里统一部署下，在中央有关部门和大型国企的支持下，做起了"打造特色小镇，构筑大井冈旅游圈"的新业态。作为世界500强企业，华润集团在扶贫攻坚的热潮中，不忘初心和使命，选择了井冈山罗浮林场一带开始"希望小镇"建设。

特色小镇指以某种产业为特色，既有城市功能，又有乡村风貌，大小适宜居住的人口聚集区。华润集团自从在广西百色建了第一所"希望小镇"后，又在陕西延安、河北西柏坡、湖南韶山、福建古田、贵州遵义等地建了多所"希望小镇"，以"国家队"的实力，支持老、少、边、穷地区改变面貌，该集团打造的"希望小镇"，按照"生态、有机、绿色"原则，与当地自然环境保持和谐一致，成为各个地方的旅游亮点。按照上级有关部门的批准，他们取得了3000亩土地（其中核心区500亩）面积的规划设计权，很快就完成了整个小镇的规划设计，在建设小镇的同时，还完成了对3个自然村176栋民居的新建、改建任务，641人直接受益。与此同步，新建了幼儿园、福利院、医院门诊楼等公共建筑，改造了医院住院部、粮仓和祠堂等，还第一次为一个乡镇建了一幢乡村示范酒店——米兰花酒店。如今这座"希望小镇"，小桥流水、亭台阁榭，以淡淡远山为背景，以葱茏花木为穿插，游客步入其中，足可体验到诗情画意的美感。

罗浮"希望小镇"成为江西省的"希望小镇"标杆，随着全域旅游、

圆 梦

↑ 2017年2月,江西省井冈山市在全国率先宣布脱贫摘帽。图为井冈山人民载歌载舞庆祝实现率先脱贫摘帽,过上美好幸福新生活

"希望小镇"建设在井冈山全面开花,近年来,茅坪村被评为中国乡村旅游模范村,茨坪镇被评为全国最美乡愁旅游小镇,龙市镇被评为全国优美乡村旅游小镇,10余家"农家乐"被国家旅游局授予"中国乡村旅游金牌农家乐"的荣誉,9个村被列为全省乡村旅游扶贫示范点。

看得见的成果,看得见的变化,让井冈山百姓大大受益,也将井冈山这块红色的品牌擦得更亮。2017年2月27日,中央电视台《新闻联播》节目发布头条消息,宣告井冈山在全国全部贫困县中率先脱贫,井冈山脱贫不松劲,致富再出发,从此迈向了新起点。

井冈山上的"守山人"刘洪光荣当选为中国共产党第十九届全国代表大会代表,又作为全国扶贫工作会的先进代表到贫困地区进行宣讲。他坚定地表示,"帽虽摘,行不止"。井冈山面临的任务是要努力建成集红色培训、绿色旅游、时尚度假于一体的"圣地+胜地",确保在全面小康的征程中实现高质量跨越发展!

从"天下第一山"到"脱贫第一县"(井冈山市是县级市),井冈山在新世纪、新时代再次创造出属于它、也属于井冈山全市人民的荣光。

一位新华社资深记者在报道习近平总书记视察井冈山、深入神山村的稿件中写道,对于总书记、党中央对井冈山脱贫攻坚的关怀,井冈山的领导和人民群众,应交出一份让人满意的答卷。现在,这一答卷已经圆满交出,它就是江西和井冈山市精准扶贫、脱贫攻坚的胜利成果。

02

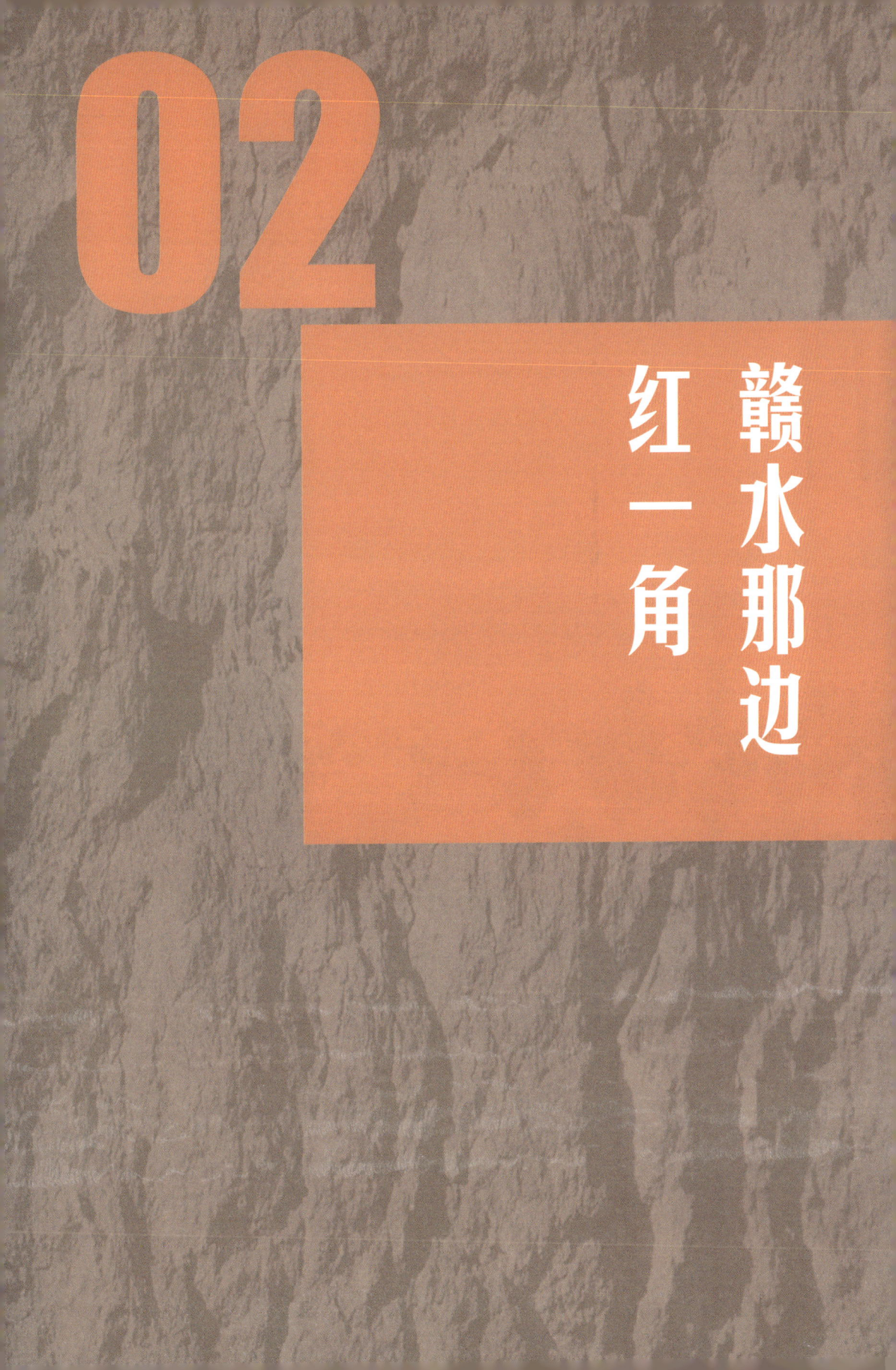

赣水那边红一角

↑ 安远县通过开展消费扶贫，全网推介红蜜薯、紫山药、猕猴桃等农特产品

> 赣水那边红一角，
> 偏师借重黄公略。

这是毛泽东在赣州开展游击战时写的一首词中的句子。毛泽东这首词作于1930年，其时，中国工农红军在毛泽东、朱德等同志率领下，下井冈山，经福建抵达赣州，在赣州一些县建立了红色革命根据地，到1930年秋，赣西南红色根据地扩大到34个县，人口达400多万。黄公略担任毛泽东、朱德领导的红一军团红三军军长，在无数战斗中屡建奇功。11月，中央苏区开展了第一次反"围剿"，他率部在永丰县龙冈设伏，全歼国民党军第十八师，活捉了中将师长张辉瓒，取得了诱敌深入的大胜仗。后来，他又于1931年5月，指挥红三军首战吉安富田，歼敌一个师外加一个整旅，为红军取得第二次反"围剿"的胜利开了先声。以致当时的百姓口头并称"朱、毛、彭、黄"。毛泽东在另一首词《渔家傲·反第二次大"围剿"》中，赞扬黄公略和他的红三军说：

> 枪林逼，
> 飞将军自重霄入。

第三次反"围剿"胜利后，黄公略率领部队转移途中，遭敌机轰炸不幸牺牲，时年33岁。毛泽东在黄公略军长的追悼会上亲撰挽联一副：

广州暴动不死，平江暴动不死，而今竟牺牲，堪恨大祸从天落；

革命战争有功，游击战争有功，毕生何奋勇，好教后世继君来。

赣州是毛泽东、朱德率领红军开辟的红色苏区。1929年的春节前夕，国民党调动大批军队对井冈山革命根据地进行第三次"会剿"，他们吸取前两次"会剿"失败的教训，切断红军的粮食供应链，红军战士衣食不继，不得不进行战略转移。他们的目标是向赣南方向行进。部队经过定南、大余、瑞金、宁都、会昌、崇义，在群山合围的大柏地设下埋伏，聚歼了前来"追剿"的国民党军，并俘获数百名敌军。毛泽东写下《菩萨蛮·大柏地》一词，以纪念这次战斗。其后，红军在毛泽东、朱德带领下，到达福建长汀，在那里发动群众，开展土地革命，建立了红色根据地，根据地的范围扩展到龙岩、永定、上杭，闽西革命根据地初步形成。蒋桂战争爆发时，红军趁机回师赣南，建立了以瑞金及周边县域为中心的赣南革命根据地。赣南根据地和闽西根据地连为一体，成为中央苏区。后来，中央苏区发展最盛时，总面积达8.4万平方公里，人口达到453万。

赣南的红色根据地发展势头迅猛，以至远在上海的中共中央在敌人的残酷绞杀下，不得不避其锋芒，迁移到瑞金。中央革命根据地的蓬勃发展，引起国民党反动派的极大惶恐。他们如芒在背，先后发动了五次对红色苏区的"围剿"。第一、二、三、四次反"围剿"发生在1930年11月至1932年12月间，由于采取了毛泽东的战略指导思想，均以少胜多，以弱胜强，致敌败绩，唯第五次反"围剿"，一来敌人调集了百万大军，采取德国军事专家提出的"步步为营"的堡垒战术，向中央苏区层层逼近。而红军则在"左"倾机会主义思想的错误指导下，用阵地战代替游击战和运动战，导致红色苏区大面积丧失。经过一年苦战，红色苏区剩下的面积仅余十分之一，中央临时领导机构"三人团"作出决定，令红军撤出苏区，进行战略转移。

在战略转移前夕，红军进行了大规模的扩红。邓颖超曾在1933年出版的《斗争》第七期上刊载《为创造一百万铁的红军而斗争》的署名文章，提出要扩大红军，应采用拥护红军归队运动、优待红军家属、进行政治动员等方式，才能更有效地实现这一目的。1933年12月24日，中共湘赣省委向广大工农劳动群众发出了《为着粉碎敌人大举进攻，彻底粉碎敌人五次"围剿"，号召湘赣工农群众踊跃加入红军》的号召。经过扩红，参加红军人数总计达到33万余人，同时还动员了支援前线作战的人员60万余人。不过，这支庞大的队伍在艰苦的作战中遭到不小的战损。

赣州苏区为中国革命作出了巨大贡献。从新民主主义革命时期到社会主义建设时期，赣州牺牲的有名有姓的烈士多达10.82万余人，占江西省烈士总数的43.8%；占全国烈士总数的7.5%！后来，苏区红军战士走上了艰苦卓绝的漫漫长征路，中央红军长征出发时的8.6万多人中，赣州籍红军达5万多人，长征路上平均每1公里路途中就有3名赣州籍红军战士倒下！为了支援革命、支援红军，赣南老区百姓节衣缩食，省下口粮、省下钱财，购买苏维埃政府发行的债券368万元，占发行总数的76%。而且，在红军长征离开赣南时，赣南百姓纷纷捐出物资如衣物、棉被、干粮、草鞋等，多到无法统计。

新中国成立后，赣州虽然也有不小的进步和发展，但比起全国大多数地区，它的发展是相对缓慢的。这块曾经的"五岭之要冲""粤闽之咽喉"，晋代以降，迎来过马祖道一、张九龄、苏东坡、周敦颐、程颢程颐兄弟、辛弃疾、文天祥、王阳明等历史名人；宋代还曾跻身于全国36座大城市，可惜的是，京广铁路贯通后，它失去了交通枢纽的地位，由曾经的开放和活跃，逐渐陷入封闭。

从区域位置来看，赣州东临武夷，西连罗霄，南接南岭，北向的赣江流至万安，并有与黄河三门峡、长江三峡齐名的全国三大险滩之一的赣江十八滩，它的与世隔绝的封闭性是不言而喻的。而且，这里地形复杂，群山环绕，丘陵面积总计24053平方公里，占赣州国土面积的61%；山地面积8620平方公里，占总面积的21.87%，人均耕地只有0.635亩，大大低于全国1.45亩的平均水平，与江西全省0.995亩的平均水平比较，也只有三分之二弱。况且，这里的自然灾害比较频繁，平原地区的洪涝、台风，山区的泥石流、低温冻害等时有发生，正因为此，当地得天独厚的自然资源得不到充分开发。

从自然资源来讲，赣州其实是有着很大优越性的。首先，这里是世界著名的稀土王国，其稀土储量占全国的60%以上，居世界同类矿藏的第一位。其次，它又是世界著名的钨都。钨是一种金属元素，呈灰色或银白色。其硬度高、熔点高，常温下不受空气侵蚀。它的工业价值也很高，可以制造高速切削合金钢、超硬模具，还可用于化学和光学仪器等。最后，赣州还储藏有其他含高价值稀有元素的矿物质，等待开采，如世界独有的砷钇矿和黄钇钽矿，在1983年被国际矿物学会与矿物命名委员会审查确认为首次发现的新矿物，并将其认定为赣南矿。

从农业角度看，赣州自上个世纪末，就通过自身努力，打造成"世界橙乡"，脐橙栽种面积超过160万亩，居世界第一；年产量大约为125万吨，为世界第三。

↑ 国家 4A 级景区——中国赣南脐橙产业园

↓ 赣州宁都，金秋脐橙喜丰收

圆 梦

赣州的生态环境资源论起来也是其他地方少有的。全区域内，有国家级自然保护区3个，省级自然保护区5个，市县级自然保护区27个。这里的森林覆盖率高达76.4%，高于国内森林覆盖率最高的福建省，也高于江西省其他地区。赣州市区域内的国家级森林公园有10个，省级森林公园有21个。赣州还是全国18个重点林区、10个森林覆盖率最高的区域之一。赣州的水资源也相当丰富，江西省的母亲河赣江分别发源于赣州的安远和石城两县，鄱阳湖水系的25%、东江水系的10.4%的流量源于赣州。

而从旅游资源来讲，赣州也有着独特的、别处无法比拟的特色。比如，赣州有贯通梅岭的梅关古驿道；有保存最为完整的宋城及宋代遗址，被史学家称为"宋城博物馆"；有江南第一石窟——通天岩，石窟中巨大的石龛造像群闻名于世；有自宋代一直沿用至今、保存完好的排水系统福寿沟；有"先有七里镇，后有景德镇"的古窑址；有中国最早的堪舆文化发源地兴国县的三僚村……此外，赣州还保留有上千座客家围屋，这些众多的客家围屋曾惊艳了西方文化学者，被他们誉为"东方的古罗马城堡"。

从历史和现实看，赣州发展的条件有优有劣，既有其长处，也有其短处。不过，长期以来，受到某些方面制约，这里的优势条件无法发挥出来，倒是劣势条件成为抑制地方经济发展、阻碍百姓脱贫致富的因素。由于无法与外界充分接轨，老表的思维相对封闭落后，这里的经济活动也踟蹰不前。贫穷的百姓渴望摆脱贫困，望眼欲穿，历来在这里主政的官员也总是忧心忡忡，深感责任重大，而又心有余而力不足……

北京师范大学中国扶贫研究院研究人员归纳赣州贫困的渊源指出：

改革开放以后，赣州作为传统农区，由于战争创伤、山高

路远、基础薄弱等原因，在全国工业化、城镇化加快发展的大背景下，发展相对慢了，与江西省、全国相比，小康实现程度总体偏低，尤其是农村实现全面小康的程度，更是存在比较大的差距，整个赣南老区成为与全国同步全面建成小康社会的一个薄弱环节。

这项研究还分析了赣州的贫困分布状况，认为当地集特困地区、革命老区于一体，贫困人口多、分布广，据2010年统计数据，全市贫困总人口达2154600人，贫困户636200户，贫困发生率为29.95%，高于全国平均水平1倍还多！赣州的五保户也远远多于其他地区：由于战争时期，大量青壮年参加红军，剩下的妇女如今多已迈入耄耋之年。北师大扶贫研究院统计的结果是：当下，全市五保户有44200户、53000人，分别占当地贫困户和贫困人口的9.33%和2.46%；低保户有127000户，低保人口310000人，分别占贫困户总数的26.82%和14.55%。另外，还有其他类型的贫困户302300户、贫困人口1788100人。如此庞大的数字，让人惊叹，也让执政者深感责任重大，却又头痛不已。

除了经济的落后，收入的窘迫，赣州还有两个方面的因素困扰着当地干部和百姓：一是村镇基础设施落后。当地许多基层干部将这样一个段子背得滚瓜烂熟：交通基本靠走，通信基本靠吼，治安基本靠狗，娱乐基本没有（也有说成是"取暖基本靠抖"的）。确实，国家过去对赣州的资金投入偏少，而赣州自身发展能力也差，县与县之间的公路大都是砂石路，下到乡里，许多是土马路，而通往村里的路则基本上都是田间小路，人流、物流、信息流处处受到阻碍。2010年，全市农村人均可支配收入才4182元，比全国的平均水平低了1737元。二是农村社会民生保障不足。无论是教育还是医疗条件方面，都存在较大幅度的欠账情况。

圆 梦

山区的农民患了病，村里甚至乡里医疗资源无法治愈，便只有硬撑着，直到拖成重疾，甚至导致残疾、丧失性命。而住在深山里的孩子外出上学，跋山涉水，步行一个小时以上的屡见不鲜。这些小小年纪的孩子中午放学无法赶回家中，只好在书包里带上土钵子装的饭菜，就着凉开水权当午餐。有些孩子家里连菜都供不上，长年带的不过是些咸菜，一丝肉腥都没有。好在山里的孩子吃惯了苦，他们自己已习惯了这样的生活，反倒是让那些下到村里来扶贫的干部们心疼不已！

尽管生活苦、条件差，但赣南的客家老表们对红军的感情、对党的感情却始终如一。赣南流传着许许多多翘首盼红军的故事，流传着许多诸如"七子当兵""新婚即远别离"的故事。"七子当兵"的故事发生在瑞金市的洁源村。洁源村在苏维埃时期仅有千余人口，就有186人参加红军和苏维埃政府工作，支红支前人员达400多人，为革命牺牲的人有105人，其中在新中国成立后被认定为烈士的有89人。这个村在1934年的扩红中，获得了瑞金"扩红第一村"的荣誉，村民们的自觉和踊跃是重要的原因。如，村民欧阳汝明父亲早逝，他从小与母亲相依为命。由于太过贫穷，十几岁就不得不下田劳作，好不容易结婚时，已年满28岁。不过，他后来却连生了7个儿子，让村民们羡慕不已。红军来到赣州，来到瑞金，发动轰轰烈烈的土地革命，欧阳汝明一家的日子好了起来，他知道这一切都来自共产党，来自红军，党和红军的恩情永远不能忘记。扩红时，他的长子欧阳克茂年近30岁，幼子欧阳克荣刚满16岁。他动员7个儿子一起参加红军，成为传遍苏区的感人故事。后来，这7个儿子都牺牲在长征路上，欧阳汝明一家可谓满门忠烈。

赣州兴国县的茶园乡有一个年轻的姑娘池煜华与丈夫新婚不到3天，就遭遇丈夫参加长征离开家乡的情景。当时的池煜华年方17，丈夫也才19岁。离别时，刚当了新娘的姑娘依依不舍，她精心编织了一双草鞋，草鞋上缀上了一对红色的绣球。她嘱咐丈夫打败了白狗子,早日回家乡,她会在家里尽心侍奉公婆,并等待着丈夫的归来。年轻的丈夫对妻子同样满怀浓情蜜意,他允诺,三五个月,最多一两年,他就会和战友们一道回来的,那个时候,红军已经解放了全中国,他将和心爱的妻子一起,男耕女织,养儿育女,过上幸福甜蜜的田园生活。可是,妻子万万没有想到,她的丈夫一去竟然杳无音信。她几乎天天在村前的大樟树下企望。然而,岁月流转,年复一年,她的夫君始终没见回来。经过了土改,经过了人民公社化运动,经过了"文革",直到改革开放,这位新娘也由青春少妇变成满脸皱纹、腰身佝偻的老媪,但她却丝毫没有放弃她的期待和瞩望。无论乡亲们还是干部们都好心地劝她,说自从红军离开赣州已经几十年了,她的丈夫一定是在战场上牺牲了,可是她坚决不相信。她说,要是丈夫牺牲了,政府一定会发一张烈属证给我的,可是却没有——这说明我的男人一定还活在世上。我要等他,等他回来。他临走的时候和我约定了的,要和我过上男耕女织、生儿育女的生活,我不能背弃他,离他而去!直到改革开放以后,江西省委组织部进行了专门调查,才知道池煜华的丈夫在1935年就牺牲在了长征路上。池煜华的故事感动了不少作家,他们将她的故事写成文学作品进行传扬。可是这些,这位可歌可泣的赣南女子并不知晓(她没有文化,更没有子女,其他人跟她讲,又怕勾起她内心的伤感)。我们党最值得骄傲和自豪的特征就是与人民群众的鱼水深情,从上述两个方面可以看出,此言不虚。没有广大人民群众的无私支持,我们党和军队的事业无法获得伟大的成功,而党对于人民群众的关心关爱,也坚持了一个不忘初心的原则。

从1978年开始,中国农村实行了土地经营制度改革,农村土地产出率提高,农业产业结构逐步调整,多数农民的收入也逐步提高,许多长年困守乡村、无法解决温饱的农民终于摆脱了贫困。上世纪80年代

圆 梦

末、90年代初,中国实行有组织、有计划的开发式扶贫,扶贫事业进入了全新的阶段,赣州市的贫困人口年均收入大幅度提升,绝对贫困人口(指年均纯收入在400元以下者)下降到105万人。但是,这一时期的扶贫工作尽管成效显著,仍存在难以克服的困难,就是如何帮助那些极端贫困户(也即所谓"贫中之贫""困中之困"的深度贫困人

↑ 位于信丰县的大阿绿盟水肥一体化全程机械化果园

口）摆脱贫困。用媒体的话来说，这是全面建设小康社会道路上最难啃的"硬骨头"，特别考验执政党的执政能力，特别检验各级官员的执政水平。经过了大规模开发式扶贫、新阶段扶贫开发等阶段，赣州又遵照中央指示精神，进入到决胜全面建成小康社会的历史时期。习近平总书记提出了"不忘初心，牢记使命""勇于担当，精准扶贫"的理念，发出"脱贫路上一个也不能少"的号召，给赣州市委、市政府指明了奋斗方向。全市上下在江西省委省政府领导下，一鼓作气，开展脱贫攻坚"清零"行动，为了解决扶贫攻坚"最后一公里"的问题，一场轰轰烈烈的扶贫攻坚战在全市打响！

赣州市的政府工作报告有这么一句话：小康不小康，关键在老乡。让贫困地区和贫困群众摆脱贫困，共享发展成果，是中国共产党人的初心和使命，是我们党义不容辞的责任。赣州市委以诚恳的姿态教导全市各级干部和党员：在革命战争年代，赣州作为红色根据地和中共中央所在地，在全国率先建立了完整的红色政权，中央政府的100多个部委和部门纷纷来赣州寻根，而纯朴善良的赣州百姓为支援中国共产党的解放事业，支援红军对敌作战，给予了极大的援助和无私的奉献，如今，我们必须承担起全心全意回报的义务，必须无私地帮助群众彻底脱贫，走上富裕道路！多年间，赣州市连续出台了《关于加强新阶段扶贫开发工作的意见》《关于进一步加大扶贫工作力度，提高扶贫开发水平的实施意见》《赣州市库区深山区移民扶贫工作实施意见》等一系列指导性文件，建立健全了脱贫攻坚的责任体系、工作体系、政策体系、投入体系、帮扶体系、社会动员体系、全方位监督体系、考核评估体系等，2015年6月调来赣州担任市委书记的李炳军立下军令状：赣州市脱贫攻坚战斗不取得决定性胜利，不离开赣州！

古代兵书《孙子兵法·谋攻》篇说：上下同欲者胜。赣州市之所以能最终取得脱贫攻坚战役的全面胜利，上下同欲、万众一心，是根本性的保证。

赣州市是全国14个集中连片特困地区之一，在脱贫攻坚实践中，当地有许多活泼的创新，有不少内容得到国务院扶贫办的肯定和推广。

在赣州采访的记者们，通过他们的眼观和耳听，获得了真切的感知。他们意识到，赣州模式，创造了世界减贫史上的奇迹，而这样的奇迹，只有坚持党的领导，坚持走中国特色社会主义道路才能实现。

赣州总共有18个县（市、区），这些县（市、区）在扶贫攻坚中都有着独具一格的特色，从"红色故都"瑞金，到中央红军长征出发集结地于都，还有将军县兴国、赣江源头石城、珠江源头安远……假如你到赣州了解扶贫成绩，市扶贫办的工作人员会如数家珍般地将赣州各县（市、区）的创新做法一五一十向你娓娓道来，让你有目不暇接之感。如此众多的特色和成就，本书无法全面反映，只能有选择地把一些典型人物和典型故事写入书中，以飨读者。

瑞金，是苏维埃政府所在地。第二次国内革命战争期间，中国共产党在这里建立了中央革命根据地。红军在赢得第三次反"围剿"胜利后，赣南、闽西21个县连成一片，1931年11月7日，中华苏维埃共和国临时中央政府在此成立，这里成了中国革命的中心。第四次反"围剿"胜利之后，中央苏区迅速发展，共辖有60个行政县，范围扩大到84000平方公里，人口453万。中央苏区的鼎盛时期，面积扩展到40万平方公里。瑞金的中央革命根据地纪念馆收藏了1万多件革命文物，保存有近200处革命旧址，包括中华苏维埃共和国临时中央政府大礼堂。因此，人们把瑞金敬称作"红都"。瑞金最著名的地方是一个叫叶坪的乡，还有一个叫沙洲坝的镇，以及毛泽东写下《菩萨蛮·大柏地》这首词的大柏地乡。

叶坪乡是中华苏维埃共和国临时中央政府机关和党中央苏区的最高领导机关——中央苏区局的第一个驻地，这里有16处全国重点文物保护单位，如第一次苏维埃代表大会旧址、中共苏区中央局旧址、博生堡、公略亭、红军烈士纪念塔、红军烈士纪念亭、红军检阅台等。毛泽东、周恩来、朱德、任弼时、张闻天等许多老一辈无产阶级革命家都曾在这里生活和工作过。叶坪乡素有"共和国摇篮第一乡"的美誉。在叶坪乡西边，有一座小山岗，叫云石山。这座山高不过50米，方圆不足千米，四面悬崖峭壁，上面有一条石径可供人行。山上有一座建于清朝嘉庆年间的小小寺庙，寺庙前一副对联写着：

云山日咏常如画，
古寺林深不老春。

当年红军长征，翻越的第一座山就是这座山，后来，杨尚昆同志专门为这座山题字：长征第一山。

尽管带着一系列的光环，但叶坪乡多数百姓的生活一直处于贫困状态。这个乡是江西省最大的农业人口建制乡，原有30个行政村，其中贫困村7个，比例占到23%还多。全乡7万多农业人口，致富门路少，贫困发生率高，百姓平时手头没有零用钱，要买点油盐酱醋只能依赖"鸡屁股银行"。尤其是那些居住在山沟里的村民，生了大病，遭了天灾的时

圆 梦

候，往往叫天天不应，叫地地不灵，用他们自己的话来说，就是"冒得办法想咯"。瑞金市扶贫办扎扎实实下基层摸底，全面掌握了基层百姓的实情，他们按照市里要求，把脱贫攻坚责任分派到所有的机关单位，扶贫办带头给自己提出的要求是：

> 举好攻坚旗，
> 当好参谋长，
> 种好责任田。

他们坚持把激发贫困人口内生动力放在首位，坚持扶贫与扶志相结合，取得显著效果。按照市精准扶贫攻坚战领导小组的统一部署，扶贫办积极举办脱贫攻坚业务知识培训班，共举办培训班 48 期，培训人员超过 13000 人。接

↑ **瑞金市叶坪乡华屋村**

受培训的人员中，有各单位、各乡镇和村委会负责脱贫攻坚的责任人，也有具备致富潜力的普通村民。叶坪乡的乡党委副书记兼乡长朱胜江几乎是没日没夜地往乡村跑，白天忙于各项工作，晚上召开村民会，全部精力都用在干事上。外来参观、采访的人见到他，只看见他的双眼布满红丝，有时甚至会微露疲倦之色。他说，无论是农民来乡里反映扶贫工作情况，还是上级来部署、检查工作，或者是记者来采访，更重要的，还有外地客商前来洽谈业务，他都一定、必须、坚决要亲自出面，丝毫不敢含糊。朱胜江介绍叶坪乡脱贫攻坚的主要工作经验，就是"党旗照亮扶贫路"。他讲道：叶坪乡有个山岐村，一向以来，党组织战斗力不强，班子涣散，导致各项工作落后，经济一穷二白，群众意见很大。近些年来，乡里的党员干部纷纷走进这个村，宣讲中央和省、市的致富要求和精神，帮助引进外来资金和技术，激发村民内在活力。同时，乡里采取各种手段，积极改变村容村貌，在很短的时间内，就实现了"设施齐、村庄美、产业兴、有保障、可持续"的目标，这个村在2017年顺利摘除贫困村的帽子。如今的叶坪乡，建成了丰产茶油基地、花卉基地、无刺玫瑰基地、百香果基地等规模化产业基地，农民的日子过得就像"芝麻开花节节高"。那一年，瑞金市引进九丰现代农业科技有限公司，在叶坪乡建立科技示范园，采取公司加农户的模式，让农户以土地价值入股参与利益分红。该科技示范园急需流转土地1000亩，乡干部白天黑夜连轴转，走访联系村民做工作。其间，有些干部面对村民的不理解和不合作，产生了畏难情绪。朱胜江说："做乡村工作，尤其是脱贫攻坚工作，要有愚公精神，不畏难，不放弃，才能搬掉压在农民身上的贫困这座大山！"就这样，乡村干部连续奋战14个昼夜，终于成功完成土地流转任务，而乡干部们全被晒成了"扶贫黑"。

在脱贫攻坚的伟大实践中，该乡党委和政府提出，叶坪既然是"共和国摇篮第一乡",就要坚决弘扬第一流的苏区精神,像革命先辈一样,努力创造新时代的第一等工作。他们探索出了入股分红法、资源出租法、招商引资法、支部带头法等多种经营模式,鼓励村级集体从本地实际出发,不断创新具有本地特色、务实管用的发展模式,形成多元化、市场化、规模化的村级集体经济发展格局。其中,大胜村"借鸡生蛋",450亩荒山变身精准扶贫脐橙产业园,所获收益用于发展村集体事业和贫困户分红;田坞村"抱团发展",连片发展实现产业集聚,整个片区6个村村集体经济收入逾96万元,平均每个村逾16万元;山岐村"就地取材",利用水资源开发实现收益分红,村集体每年可获得20万元的资源开发收益;朱坊村"政策哺乳",整合项目开发资金,以完善配套建设的方式入股朱坊文旅公司进行乡村旅游开发,实现资源变股权,资金变股金,农民变股民……通过集中发力、集中攻坚,叶坪乡村集体经济呈现新气象,逐步形成了一村一产业的良性发展格局,引起了上级的关注。2017年,全国产业扶贫现场会在叶坪乡召开,叶坪乡的经验在会上得到介绍和推广。乡党委付出的辛劳、做出的贡献农民不会忘记,党和政府也不会忘记。2021年,叶坪乡荣获"全国脱贫攻坚楷模"荣誉称号,朱胜江代表这个乡出席全国脱贫攻坚表彰大会,习近平总书记亲自为朱胜江颁奖。新华社摄影记者眼明手快,用摄影镜头拍下了那令朱胜江毕生难忘的一刻。

拔英乡是瑞金市一个偏远的小乡,东邻福建长汀和武平两县。这个乡系以红军烈士曾拔英名字命名的。全乡有2935户,人口总数为12883人,交通闭塞、产业单调、地瘠人贫,乡党委书记刘小林在这个偏远乡一干就是整整10年。脱贫攻坚的战役打响以后,刘小林深感身上的压力很大。如何帮助农民摆脱贫困?这是自己不可推卸的责任。多年的乡村生活使他认识到,乡风民俗的改良是振作和激励民心民气的基础,他决定从这里入手抓工作。有一户人家,儿媳对于婆婆不讲孝顺,只顾自己家的小日子,而将年龄已高的婆婆"逐"出家门,分灶吃饭。婆婆一人一灶,要担米、浇菜、砍柴、炒菜、刷碗、洗衣……还要帮着儿子儿媳照看孙辈,一天到晚忙得很,几乎不得休息,邻里对这户人家的媳妇背地里颇有责备之言。刘小林听闻这种情况,反复上那户人家里去做工作,一方面耐心讲述中国民间尊老爱幼的优良习俗,一方面采取硬性手段,把婆婆的小灶给拆了,让婆婆回归儿子家中,一家人一起共同生活。这样一来,这户人家婆媳关系不但没有恶化,反而改善了。刘小林的做法,得到村民的一致赞赏,大家说,刘书记说的话,确实从我们农民的切身利益出发,值得信任。在脱贫攻坚战中,刘小林提出了"转换角色,重在引导,做好服务"的指导观念,一方面重视农业基础设施的完善,一方面努力调整产业结构,乡里每年对农业基础设施项目的投入达40余万元,实现了村村通公路通电,兴建和修复水利工程30余处,引资1500多万元,兴建农村小型水电站8座。基础设施的快速完善,使拔英乡农业结构调整,走出了落后的阴影。拔英乡农产品的销售价格明显高于往年,销售范围已覆盖广东、上海等近10个经济发达省市和20多个周边县市,刘小林还邀请了来自"中国香菇之乡"的种养大户来乡里传授香菇栽培技术,又成立了产品销售服务组,完全解决了香菇产品外销难的问题。此外,在引进外资方面,外地近20家竹木加工、小水电等涉农企业进驻拔英,大大提升了拔英乡民的经济收入。书记带头,责任压实,聚起群众脱贫致富的力量。大富村贫困户谢九月生"先脱帮后脱",发展肉牛养殖脱了贫,然后带动村里贫困户一起脱贫致富;拔英村"梅花鹿主"曾国庆,依靠发展特色养殖,带动6户贫困户走上了合作发展之路。近年来,拔英乡的道路、水利、公共服务等各种基础设施得到巨大改善,群众过上了安居乐业的新生活。在实现了村民脱贫之后,拔英乡并不松

圆 梦

懈，坚持了这样一条原则：

> 摘帽不摘责任，摘帽不摘政策，摘帽不摘帮扶，摘帽不摘监管。

全乡实行"春季整改、夏季提升、秋冬巩固"的政策，2019年全乡贫困发生率降至0.16%，到2020年，脱贫率更是达到了100%！2021年，刘小林作为个人代表，和叶坪乡的朱胜江一道出席了全国脱贫攻坚总结表彰大会。

瑞金市还有一些很有个性、很有特色的做法，或是被他们自己，或是被记者们归纳出来，如模范武阳、绿色泽覃（这个乡的名称系取自毛泽东弟弟毛泽覃的名字）、大美象湖……瑞金市还创造了独属于瑞金的品牌，就是"廖奶奶咸鸭蛋"。壬田镇凤岗村87岁的老婆婆廖秀英，从16岁开始

↑ 扶贫干部在指导廖秀英使用电脑

02 赣水那边红一角

→ 廖秀英在挑选鸭蛋

学习腌制咸鸭蛋，她家传的腌制方法与众不同，凡品尝过的人都赞不绝口。但过去她腌制的咸鸭蛋却无法走出本地，犹如白居易笔下的杨玉环，"养在深闺人未识"。那一年，扶贫干部来到村里，将电商扶贫作为推进精准扶贫的一项重点工程，联系相关部门帮助廖秀英成立咸鸭蛋专业合作社，并"创造"了一款独立的品牌——廖奶奶咸鸭蛋。廖奶奶自家这门腌制咸鸭蛋的手艺形成集约化生产模式，从鸭苗的养殖，鸭蛋的腌制、存储，到产品的发货，全程进行追踪管控。扶贫人员还专门帮助廖奶奶建立了厂房，形成标准化作业车间，同时在培训指导、品质检验、对外宣传、销售渠道拓展等方面给予全力支持。几年下来，廖奶奶咸鸭蛋累积销售额超过 400 万元，带动了 230 户贫困农民摆脱贫困。过去致富无门的贫困户们通过向合作社出售鲜蛋、在合作社务工、入股分红等形式，人均增收达1700余元。凤岗村有一户村民叫王福科，夫妻俩双双患病，无法参与重体力劳动，家庭收入主要依赖低保和打零工，一年年收入只有万把元，生活很是贫困。廖奶奶咸鸭蛋专业合作社成立后，将王福科吸收为合作社成员，他在家附近的水塘里养鸭，王福科的妻子则到合作社做工。王福科每年养鸭200只，除去成本可挣得纯收入24000元，妻子收入有15000元，相当于以前收入的4倍，完全摆脱了贫困。后来，合作社又引进了自动化、机械化的高温蒸煮、真空包装等设备，开发出熟食咸鸭蛋新品，延伸了咸鸭蛋产业链，如今，廖奶奶咸鸭蛋已成为瑞金市首个国家地理标志保护产品！

赣州市精准扶贫攻坚战领导小组在2020年7月编印的《脱贫·印记》一书的前言中写道：

> 瑞金以零漏评、零错退、贫困发生率0.91%，群众认可度99.38%的优异成绩高质量实现脱贫摘帽，成为赣南革命老区首个实现脱贫摘帽的县市，连续五年在全省贫困县脱贫成效考核中名列前茅，被评为"2018年度中国十佳脱贫攻坚与精准扶贫示范县市"，获得"中国社会扶贫网优秀组织奖"等荣誉。

《中国扶贫》杂志记者马丽文曾在北京的"两会"现场进行了一次专访，专访的标题是《让革命老区脱贫"颜值"更好——专访全国人大代表、江西瑞金市委书记许锐》，许锐在采访中以坚定的口气明确表示：脱贫"摘帽"不是终点，瑞金还将在5个方面确保脱贫攻坚成果，这5个方面分别是：兴产业、促就业、补短板、强支撑、保长效。

这里还必须记下一笔的是：2020年10月16日，世界银行、联合国粮农组织、国际农业发展基金、联合国世界粮食计划署、亚洲开发银行、中国国际扶贫中心和中国互联网新闻中心联合发起的110个"全球减贫案例征集活动"最佳案例名单在2019中国扶贫国际论坛上揭晓,"通过电商扶贫带动区域发展——廖奶奶咸鸭蛋"案例在820份减贫案例中脱颖而出,荣获"全球减贫案例征集活动"最佳案例。瑞金人兴奋地说:想不到我们瑞金的"廖奶奶咸鸭蛋"成了"金蛋"!

瑞金人民是懂得感恩的人民。当年毛泽东住在瑞金的沙洲坝村,这个村里没有井,村民吃水要到很远的地方去挑。毛泽东看见这种情况,就带领战士们为乡亲们挖了一口井,自此,村里老百姓吃水的问题彻底解决了。老百姓十分感激毛泽东的恩情,新中国成立以后,在井旁立了一块碑,碑上刻着两行字:

> 吃水不忘挖井人,
> 时刻想念毛主席。

2020年1月,瑞金市的脱贫攻坚取得决定性胜利后,瑞金市精准扶贫攻坚战领导小组效仿沙洲坝的村民,给江西省、赣州市的扶贫单位写了一封感谢信,全文如下:

省、市定点帮扶单位:

过去的2019年,在省、市定点帮扶单位的倾心帮扶下,我市继2018年高质量实现脱贫摘帽后,扶贫工作再创佳绩,社会事业蓬勃发展,乡村基础设施明显改善,群众生活水平进一步提高,贫困发生率由2018年底的0.91%降至0.17%,全面完成了2019年度减贫任务,进一步巩固提升了我市脱贫攻坚成效。

圆　梦

在此，对各单位的真帮实扶表示诚挚感谢！

因为你的帮扶，红色故都得到快速发展；

因为你的帮扶，小康路上的红都人民笑容更加灿烂；

在脱贫致富同步奔小康的征程中，愿你们一如既往，关心支持瑞金的发展，为瑞金全面建成小康社会作出新的贡献。

再次感激你们！

读着这些温暖的话语，禁不住要向光荣的瑞金人民表示敬意！

"时代是出卷人，我们是答卷人，人民是阅卷人。"

正是因为有着这样的认识，这样的精神状态，瑞金市才问心无愧地获得了属于他们的成效和荣誉！

于都这个地方，有着较长远的历史。它建县于西汉高祖六年（公元前201年），比江西省省会南昌的设立仅晚1年。初时，它所辖的地域很大，包含现今瑞金、会昌、石城、宁都、安远和寻乌诸县（市），有"六县之母"的称谓。于都在中国革命战争史上之所以出名，主要有如下一些因素：它是中央苏区时期中共赣南省委、赣南省苏维埃政府所在地，是中央红军长征集结出发地、中央苏区最后一块根据地、南方三年游击战争起源地……

2020年4月26日，江西省政府召开新闻发布会，公布了江西最后7个县实现脱贫，这7个县分别是：于都县、兴国县、宁都县、赣县区、鄱阳县、修水县、都昌县。

澎湃新闻发布如下的消息：《刚公布！清零！江西最后7个贫困县正式脱贫退出！》。

至此，江西全省25个贫困县全部实现脱贫。江西新闻客户端说：这是江西省扶贫开发史上具有里程碑意义的重大事件。

↑ 乡村春晚庆丰年

2019年5月20日，已经是于都乃至整个赣州区域脱贫攻坚取得决定性胜利的关头，中共中央总书记习近平到达于都，在这里视察。在中央红军长征出发纪念馆门前广场的石碑上，书写着毛泽东书体的"长征源"三个火红的大字，当年红军从这里千军万马渡过于都河，突破敌人封锁线。还有一块巨石上镌刻着周恩来总理亲笔题写的两句话：

于都人民真好，
苏区人民真亲。

老一辈无产阶级革命家对于苏区的感情，对于于都的感情是浩瀚如大海，真切且深沉的。

圆 梦

在中央红军长征出发纪念馆里，总书记详细察看了红军长征前的苏区地图，听取了讲解员对当时情形的介绍。当时的苏区地图显示，1934年10月初，国民党的"围剿"大军已进到中央苏区核心地带，苏区所有的根据地几乎都已丧失，唯独剩下于都一县之地。而且敌军已从北、东、南三面将于都围住，唯西面尚未能合围，红军突围只能朝西边方向而去。为了保存红军剩余的力量，红一、三、五、八、九军团接到命令，纷纷到于都集结，中共中央、中革军委率领中央机关和直属部队编成的第一、二纵队也来到于都，随同主力红军一道行动。红军突围时，采取的是昼伏夜行的办法。白天，国民党飞机盘旋于空中，红军部队无法行动，只有到了夜间，他们才能架起浮桥，快速行走。这样，拂晓拆除浮桥，夜间架起浮桥，持续了整整一周，所有的部队方才撤离完毕，跳出敌军包围圈。

关于红军从于都集结出发进行长征的事迹，有当时流传的歌谣，还有亲历过长征的老革命家抒写的诗歌加以称颂，如叶剑英为追悼刘伯坚烈士写的诗：

红军抗日事长征，
夜渡于都溅溅鸣。
梁上伯坚来击筑，
荆卿豪气渐离情。

陆定一挥笔手书的《长征歌》，也镌刻在广场的巨石上：

十月里来秋风凉，
中央红军远征忙。

> 星夜渡过于都河，
> 古陂新田打胜仗。

萧华写的《长征组歌·突破封锁线》歌词，其词悲壮慷慨，其曲苍凉雄浑，感人心魂：

> 路迢迢，秋风凉。
> 敌重重，军情忙。
> 红军夜渡于都河，
> 跨过五岭抢湘江。
> 三十昼夜飞行军，
> 突破四道封锁墙。
> 不怕流血不怕苦，
> 前仆后继杀虎狼。
> 硝烟弥漫征途远，
> 怒涛滚滚无阻挡

于都是赣南最早建立县级红色政权的县，长征前夕的扩红运动，有1万余名于都人报名参加红军，使得参加长征的于都籍战士达到1.7万余人，可惜最终到达陕北的只剩1000余人。

习近平总书记参观纪念馆后，接见了9位红军后代和革命烈士家属。他动情地说，建立中华人民共和国，这是无数革命先烈们用鲜血换来的。当年党和红军在长征途中一次次绝境重生，凭的是革命理想高于天，最后创造了难以置信的奇迹。现在国家发展了，人民生活变好了，我们要饮水思源，不要忘了革命先烈，不要忘了党的初心和使命，不要忘了我

圆 梦

们的革命理想、革命宗旨，不要忘了我们中央苏区、革命老区的父老乡亲们。

习近平总书记还谆谆教导于都的干部和百姓：现在是新的长征，我们要重新再出发！

总书记的话铿锵有力，掷地有声，在于都人民心中激起壮阔的波澜。

在于都视察期间，总书记深入到潭头村，考察那里的脱贫成效。潭头村属于梓山镇管辖，苏区时期，毛泽东曾经到过这里，检查当地消费合作社食盐生产和供应情况。习近平总书记在村里，走进红军烈士后代、退伍军人孙观发家拉家常，了解到，潭头村长期以来是个贫困村，曾经有建卡贫困户109户、407人，贫困发生率为16%。可是，几年来，经过上级的精准扶贫和贫困户的自身努力，脱贫效果十分显著，通过建设万亩蔬菜基地、富硒水稻和葡萄基地、百香果基地等，村民收入大幅增加。

↑ 于都县梓山富硒蔬菜产业园外的党建宣传展板

02 赣水那边红一角

↑ 于都县梓山富硒蔬菜产业园的蔬菜大棚内景

2017年，全村就退出了贫困村序列，昔日脏、乱、差的面貌彻底改观。总书记还走进了潭头村引进的怀德有限公司大棚蔬菜基地，看见满棚的果蔬，洋溢着旺盛的生机，不禁连连点头，夸赞不已。

回顾于都人民在脱贫攻坚中走过的路，不由得让人壮怀激烈。这里的干部群众演奏的是一曲脱贫奔小康的奏鸣曲、协奏曲。

党建样板，是于都最主要的一条经验。于都从县到村，都建立了"新时代文明实践中心"，这样一个中心，被百姓称之为"传习所"，主要起到传播习近平总书记讲话精神的作用，尤其是习近平总书记关于全面建设小康社会，脱贫

圆 梦

攻坚"一个都不能少"的指示精神，在各级党组织的贯彻下，深入到每一个百姓心中，振奋他们的精神，鼓舞他们的干劲，激发他们的能量。既然叫实践中心，"传习所"同时还担负了复兴文明乡俗、确立致富目标、传播致富技能、强化致富手段的责任，确保于都全县的脱贫攻坚工作在党的领导下有条不紊、一张一弛地进行。由于以往基层党组织建设存在薄弱环节，个别村支部软弱涣散，于都在村"两委"换届时，强调要组建一支党性观念强、群众认可度高、个人致富能力强、又能带领群众致富的人进入班子，推动党的基层组织和干部真正成为脱贫攻坚的主心骨、带头人。

↑ 潭头村里漂亮的民居

02 赣水那边红一角

还是拿潭头村来说事。这个村有一位村民叫刘锦华，是中共党员，个人素质好、觉悟高，但原先未受到重视，一直在外地打工。2002年，他积累了一定的财富和经验返回家乡创业，让村民们羡慕不已。村委会换届时，他当选为新一任村主任，到任后他主动联系村里出去外地打工的村民，尤其是做好那些流动党员的工作，劝他们返乡参与家乡建设，又积极配合村支部，发展蔬菜龙头企业，以"龙头企业+合作社+农户（尤其是贫困户）"的模式，带动300多户村民实现土地流转和资金入股，户均年收入增加数千元。这个村还别出心裁，以支部标准化建设为目标，构建出村民讨论村里发展布局的

↑ 潭头村的历史遗存保护

圆 梦

← 潭头村的卫生室里，医护人员帮助幼儿输液

"议事厅"，村里凡有大事，都由村民们共同商议决策——这样，全村的建设和发展就不容易走偏。2018年，这个村集体经济收入52160元，2019年即上升到254000元。

于都县对于干部管理是严格的，当地使用干部，不论亲疏，只看德才——德才兼备者方能获得重用。县委组织部有一位科长，叫袁勇锋，原籍是丰城市人。他考公务员考来于都，从基层乡镇干起。在脱贫攻坚战役中，他下到于都最偏远、海拔最高的仙下乡龙溪村当乡党委副书记兼村第一书记。龙溪村17个村小组，平均海拔600多米，最高的两个村小组海拔800多米。全村487户、2655人，其中建档贫困户158户、752人，贫困面高达28.32%，别说一般人平时到不了那里，就连乡村干部也罕有去那个村检查工作的。早年的龙溪村，山路陡峭狭窄，崎岖坎坷，宽不足两米，驾车上下山，稍不小心，就有可能发生事故，甚至翻下山坡。曾担任过赣州市作协主席、身为红军后代的卜谷下基层采访龙溪村的扶贫攻坚事迹，回来后在报道中写道，曾经有一辆清洁车翻倒在半山腰，导致一死一伤。龙溪村修路时，一辆压路机因自身过重，栽倒在山坡下。一次，袁勇锋到村里搞调研，村书记和村主任乘一辆摩托车赶来会面，偏偏在半途中出车祸，两个人一个一瘸一拐，腿上贴着膏药，另一个脸上涂着大片红药水，可见摔得不轻。上龙溪，不仅人难走、车难行，就连牲口也难行。据说有一回一头拉货的骡子也失足坠下山谷摔死了。既为第一书记，袁勇锋常驻村里，又需经常赴乡里和县里进行各种扶贫事项的联络，他曾因驾车避让行人而撞上土坡。山路难行，导致车子的损耗也严重，几年间，袁勇锋自己的小车不仅发动机耗损得不能再用，车胎也换了四五个。

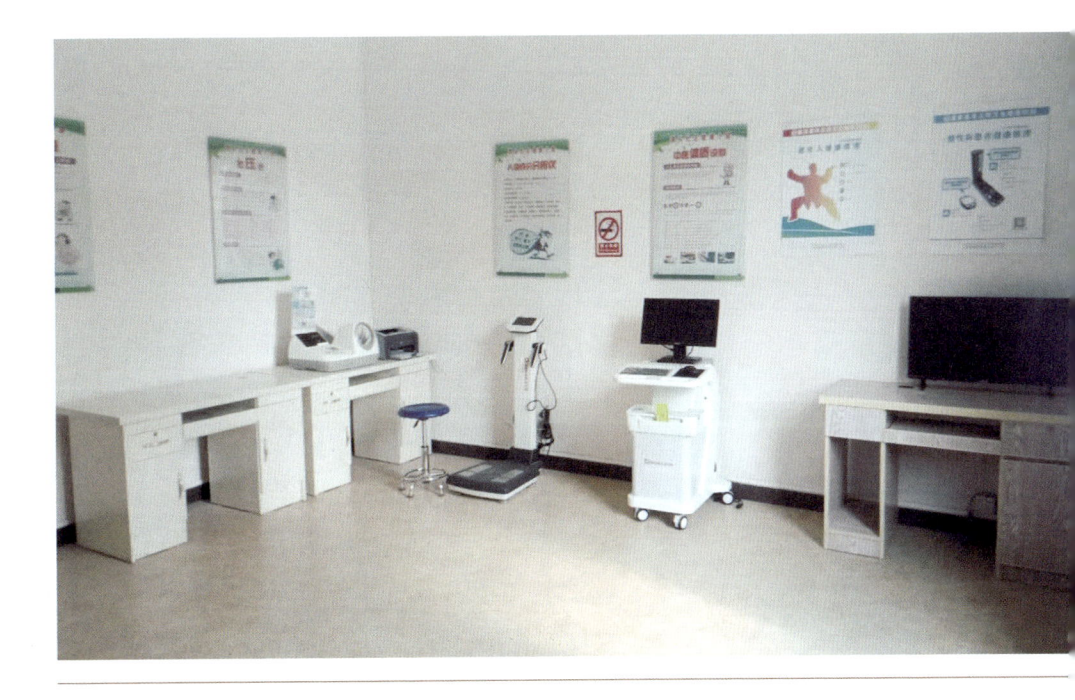

↑ 于都梓山潭头村的卫生室——健康小屋

圆 梦

龙溪村过去对红军是有过贡献的，但长期的贫困日子，多年见不到县、乡干部下基层，让他们不免产生怨气。袁勇锋出身于农村，对农民的苦感同身受，抱有深深的同情，他立下心愿，要在这场脱贫攻坚战中，做出奉献，交出让组织满意、群众满意的完美答卷！

初到龙溪，村委会连办公地点都没有，更别谈来人住宿，袁勇锋毅然住进了一户贫困户的家里。起初，村民们对他的到来并不欢迎，时不时还放些冷言冷语讥讽他。可是，他抱定以百姓为父母的信念，对任何人，尤其是那些陷于穷困当中无法解决温饱的村民，没有架子、和蔼可亲，设身处地帮他们解决实际困难，逐渐赢得了全村人的信任。他千方

↑ 于都县仙下乡龙溪村蜿蜒曲折的盘山水泥公路，已经通往 14 个村小组

百计，为村里建起了小学，还为学校争取到一套国家希望工程配发的联合国教科文组织推荐的不锈钢炊事用具。这套用具使用起来极其方便，可以用来蒸煮饭菜、制作蛋糕和面包，十分适宜山区学校住校孩子们使用。他还通过交通部门争取资金，重修了上山的路，现在，汽车进龙溪，可以沿着宽达四五米的水泥路，一直开到村部。龙溪村的村部，也是他到龙溪后建好的，村部里的服务设施完全符合上级的要求，村民们要办各项办证手续，再也用不着千辛万苦下山去办理，村部大大方便了这个村的村民。龙溪村老朱、新朱两个村小组，农田的灌溉靠的是一口水坝，可是偏偏一场大雨把水坝冲毁。袁勇锋请来专家进行实地考察后，又争取到重建水坝的资金和技术支持。他亲自领着村民苦战两个月，将水坝重新建成。村民们对袁勇锋的行为非常感激，他们在村口立下一块石碑，碑上写着：

顺风顺水顺民意

由于龙溪地势高，空气凉爽，适宜避暑，在袁勇锋提议下，村里开设了云端康养有限公司，去年，有200多名游客在龙溪避暑，仅这一项，村民收入就达60万元。龙溪村还努力发掘出龙溪的名产生姜。龙溪种植生姜是自古以来的传统，已有1000多年的历史，质地优于其他地方的生姜，曾被作为贡品送给皇帝。当地有一首民谣：

甜香辛辣龙溪姜，
赛过远近十八乡。
嫩如冬笋脆如藕，
一家炒菜满村香。

圆 梦

可惜以往没有形成产业化的眼界和条件，村民卖生姜，只能靠肩膀挑到集镇去，既辛苦，效益还低。而外地来的生姜贩子，抓住龙溪村交通不便的死穴，上村来采购时尽量压价，村民们哪怕遇上丰产的年岁，却也是"丰产不丰收"。为解决村民的困难，袁勇锋想尽办法，一方面帮助村民实现生姜的深加工。过去的块姜制作成姜膏，加工成罐装，便于邮寄、托运；一方面带着种姜大户到赣州、吉安等地考察，还联系北京的赣州商会，请商会帮助开拓生姜市场。他更协调、引导农户参加了市、县农产品展销会十多次，省电视台、《赣州日报》等媒体组织的义卖活动数次。趁着赣州市举行的干部下基层活动之机，他找到时任赣州市市长曾文明和县、乡领导们做"网红"，在自媒体上代售龙溪生姜。现在，龙溪的生姜除了传统的线下市场，更可以通过网络方式远销外地。龙溪生姜终于打响了自己的品牌。有媒体报道袁勇锋在脱贫攻坚中的表现，称他为"狗不叫书记"，意思是村里的狗对袁勇锋都十分熟悉，不把他当外人了。

还有一事值得一提。袁勇锋通过交友的方式，引进了村里一位在深圳办企业致富的能人，那位能人名叫方富，对家乡有着深厚的感情。他看见袁勇锋对龙溪如此倾心，既感动又佩服。他主动回到家乡，担任康养公司的总经理。他把村民们闲置的住房打造成民宿，并鼓励村民一起参与到康养民宿的事业中来。方富对家乡的感情之深，可以通过他发布的微信看出来。他用手机拍摄了红彤彤的映山红，以及身穿红军服装的"女战士"站立在龙溪山上放歌《映山红》的视频，并写道：

> 龙溪山，红军走向胜利的地方！当年的红军后方医院、中央银行、苏维埃政府临时办事机构、新胜县委旧址、长征集结小道等红色历史、红色故事、红色文化把这个不起眼的小山村映染（得）山红……

02 赣水那边红一角

方富还在微信中以"你好,国家乡村振兴局"为标题,表达了自己对国家乡村振兴局的设立的认识和希冀。拳拳之心,日月可鉴!

现在,龙溪村里无论男女老少,见到第一书记袁勇锋都会跟他亲热地打招呼,有的村民甚至说,袁书记要是能长期在我们这里当第一书记就好了!可是,袁勇锋知道这是不可能的,毕竟,扶贫脱贫,是一时之计,下一步乡村振兴,才是永久之计。果然,当于都县由国务院扶贫办宣布正式退出贫困县后,袁勇锋被组织安排到县扶贫办当主任,从此,他的担子更重了。

于都县在村委会一级推广了一个独创的"红黑榜"制度,即定期评定全村农户的脱贫攻坚效果,成效好的上红榜,排位落后的上黑榜。这一制度虽说也有人加以訾议,以为不够正能量,但它确实起到了促进村民努力争先、积极向上的作用。

← 于都县就业扶贫车间

→ 车间贫困户正在车衣服

圆 梦

在江西省最后脱贫的 7 个县中，于都县名列第一，似乎印证了于都的脱贫攻坚工作做得扎实、可靠。新华社有位主任记者，在整个脱贫攻坚战役中，受命担负了"微服私访"的责任，他走遍了全国许多地方，从不跟地方联系，也不吃地方一顿饭，但在于都却破了例。他对时任于都县委副书记兼组织部部长李赣兴说，几年中，他到了全国那么多的地方，那么多个县，对于都的扶贫工作感触最深。这里的氛围热烈，百姓情绪高昂，下到村里，看到的是几乎家家盖别墅，户户买轿车。这样的成果怎能不赢得老百姓的心啊！

下面，我们要说一说安远县里的扶贫故事。安远县的扶贫故事，有一个最大的亮点，就是电商扶贫，或者说是消费扶贫。

安远县处于武夷山脉南缘，境内有一座山，叫三百山。三百山是东江的发源地，而东江注入广东省最大的河流珠江。当地有一句民谣：

江西九十九条河，
只有一条通博罗。

这句民谣的意思是：江西境内的主要河流都是向北而去，注入赣北的鄱阳湖，只有东江这一条河朝南流入广东。

安远全县人口 40.8 万，有京族、回族、满族、壮族、高山族等少数民族，安远县的汉族人占绝大多数，其中以客家人为主。

安远的山地面积 297 万亩，占国土总面积的 83.43%，其中森林覆盖率达 83.4%，也就是说，安远全境的森林覆盖率远远超过全省水平，更是远超全国水平。山地多，雨水充沛，适宜茶叶种植和生产，这里成为赣南采茶戏的发源地，采茶戏中有一些传统剧目历演不衰，该戏种被列入国务院公布的第一批国家级非物质文化遗产名录。

红军时期，安远县是中央革命根据地之一：1930年6月起，安远县属赣西南苏维埃政府赣南革命委员会；11月初起，属江西省苏维埃政府赣南办事处；1931年6月起，安远县属中央苏区江西省；1933年8月中旬起，安远县属中央苏区粤赣省。

长期以来，安远一直是一个农业县，传统农产品有水稻、西瓜、林木、生猪等。改革开放以后，赣州市由于经纬度和气候普遍适宜脐橙生产，脐橙成为赣州（当然也包括安远）的一项新兴产业。2001年，安远县被国家列为全国第一个无公害脐橙生产示范基地县和全国园艺产品（脐橙）出口示范区。2005年，全县建起万亩以上果业基地10个，千亩以上示范区126个、精品果园2000余个、观光果业带2个、果业加工企业32家。安远的脐橙也形成了自己的品牌，其"三百山"脐橙荣获国家绿色食品证书和无公害农产品标志证书，在中国赣州第二、第三届脐橙节上连续获得赣南脐橙金奖。安远的柑橘类果品产值占全县农业总产值的1/3左右。在脱贫攻坚的战役中，安远县意识到，传统的农业种植和销售方式，只能使农民停留在温饱水平，要想让百姓致富，必须要发展新的项目，开辟新的路径。而这新的项目和新的路径首先包括旅游开发，全县先后开辟三百山、虎岗温泉、仰天湖、九龙嶂、龙泉山、无为公园、永清岩、永兴山、莲花岩、燕子岩、东生围、尊三围等20余处观光景点，基本形成以探幽三百山自然风光为主要内容的绿色旅游线和以探寻苏区时期红军活动遗址为主要内容的红色旅游线，年接待游客6万余人次。安远县投资兴建的接待中心主体工程、东风湖电瓶车道路、高尔夫练习场等项目相继竣工，投入经营。安远还开通了赣州至三百山旅游快速直通车，使当地经济发展、农民增收有了多种多样的形式和效果。

鉴于安远县交通十分闭塞，几乎没有通村的公路，通往乡镇的路也是砂石路为主，交通部在安远县挂点扶贫，派人在县里担任县委常委或副县

圆 梦

↑ 安远县东江电商集团

长,对改善安远的交通发挥了重要作用,县里同志进京也必会去部里汇报百姓脱贫致富的情况,争取交通部对安远工作的大力支持。现今,安远县的交通已经有根本性改变,柏油马路直通到村头和百姓家门口。

既然是传统的农业县,安远脱贫工作紧扣住农业这个环节,以创新手段,求扶贫效果。全县脱贫攻坚最具特色的一项内容就是网络销售,国务院扶贫办把它称为"消费扶贫"。安远为此专门成立了一个机构,叫作"电商办"——这个机构为安远独有,赣州其他县,江西其他市,全国其他省都没有这样一个机构。在电商办的统属下,县里还专门成立了一个东江电商集团,抽调了有头脑、懂经营的干部做负责人,又聘请了专门人员进行运营。东江电商集团在脱贫攻坚中,也承担了创新责任,集团挂点在鹤子镇,从这个仅有1万多人口的小镇,开始了他们的网络销售尝试。可以说,电商扶贫或者叫消费扶贫

圆 梦

↑ 安远县创建县残疾人电子商务创业孵化中心，聘请专业电商导师免费为残疾人辅导电商创业就业

的初始地，就是这个不起眼的小镇。鹤子镇规模虽小，但电商扶贫的格局和成效却不小，当它的名气走出安远，传扬在外的时候，人们便把这个镇称为"电商小镇"。

"电商小镇"重要的网售产品以当地农副产品为主。安远县的农产品都注册了"三百山"的商标，尤其是其脐橙，肉质鲜嫩、气味幽香、口感清甜，更加上较易剥皮和分瓣，食用方便，深受顾客欢迎，安远曾于2004年通过全国无公害农产品（水果）出口示范基地县的验收。遗憾的是，远途运输保鲜不易，通过中间商批发也存在诸如走量、存储、价格谈判等多方面的不便利处。当网络平台发展起来、网络销售随之勃兴的时候，安远县的东江电商集团果断抓住机遇，在鹤子镇所属一个叫阳佳村的村委会，进行了网络销售试点。

阳佳村，是一个有来历的村，这个村多数村民姓郭，其始祖是明朝一位高官，而这位高官的祖先又可以上溯到唐朝的汾阳王郭子仪。郭子仪在唐玄宗、唐肃宗时期，因平定安史之乱立下大功，被封为汾阳王。郭子仪子孙众多，计有8个儿子、8个女儿。其子孙迁徙的地方十分广泛，且迁徙地众说有异。有说其六子郭暧后裔中的一支迁到江西；也有说其小儿子郭映的后代迁往了江西定南洪洲。阳佳村民究竟是郭子仪哪一支的后代？因部分族谱的散失，未能考出结论。

有关祖先的考据暂且不论，只谈当下：东江集团在阳佳村开展的试点非常成功。集团引进了全新的机器人设备，在村委会下属的各个村民小组建立塔吊，塔吊与塔吊间以钢索链接。运载货物的机器人自带充电电池，只要村民小组的操作人员按动电钮，机器人便会载着货物，通过钢索朝阳佳村委会"驶"去。阳佳村委会是电商销售的"中转站"，这个"中转站"连接东江电商集团的网络终端平台，通过东江集团的终端网络平台将本村、组和农户的销售产品统一外送出去，它也可以自己在网上直接对外发布商品信息。阳佳村委会的网络销售平台培养和锻炼了一大批"农民网红"，这些网红累计有三四十人，其中有村干部，有普通农民，更多的是时尚的"村姑"。村里年轻的姑娘们稍稍打扮一下，在视频里看不出丝毫土气，反倒像那闻名全国的四川绵阳姑娘李子柒，形象靓丽，语气鲜活又稚嫩，很是受人欢迎。据说，阳佳村最红的"网红"，粉丝已经达到90多万，简直可以称得上"大V"了！阳佳村有一位"网红"郭燕婷，大学毕业后去了深圳工作，听说家乡的脱贫攻坚进入到热火朝天的阶段，果断辞职，回到家乡。她口齿伶俐，形象又好，做"网红"最是趁手。在网络上，她面对观众说，她家乡的土地，如今不再仅仅生产稻米、茶叶、猕猴桃，还生产百香果、紫山药、李子、红蜜薯。红蜜薯不仅口感好，而且含硒量高，是普通红薯含硒量的3倍，因此吸

圆 梦

引了很多外地人特别是大都市人的关注。大都市人科学素养高，他们中许多人都知道，硒是人体必需的微量元素，具有提高免疫力的作用。人类有些疾病，特别是肿瘤、高血压、内分泌代谢病、糖尿病、老年性便秘等，都与缺硒有关，而适量补充硒，能起到防止人体器官老化与病变、抵抗有毒害重金属、减轻放化疗副作用的作用。营养学家也提倡通过硒营养强化食物补充有机硒，如富硒大米、富硒鸡蛋、富硒蘑菇、富硒茶叶、富硒麦芽等。阳佳村党支部书记兼村委会主任郭士标曾经这样讲述：2020年，村里在北京搞了一次红蜜薯展销会，带了200箱（每箱15斤，共计3000斤）去，没想到一天时间就卖完了。只好紧急

↑ 安远县电商扶贫红薯基地里，贫困户喜获丰收

打电话回家，让村里再空运200箱过来。

除了脐橙、红蜜薯、茶叶等土特产，阳佳村还与浙江大学共同研究了洛神花的深加工。洛神花，又名玫瑰茄、洛神葵、山茄等，是一年生草本植物。这种花喜欢光照，并且喜欢比较温暖的环境，一般在25℃～30℃之间，生长会比较好。洛神花的花季在夏秋之间，花萼杯状，紫红色，花冠黄色。每当开花季节，洛神花色泽红、绿、黄相间，十分美丽，有敛肺止咳、降血压、解酒之功效。洛神花从外形到内质，都算得上花中之魁，故而有"植物红宝石"的美誉。

有关洛神花名称的来历，有这样一个传说：上古时期，有一位美丽的女子叫宓妃，是伏羲氏的女儿。宓妃长大后，嫁给洛伯为妻，又称洛嫔。河伯与洛伯是两个相邻部落的首领。河伯对洛伯能娶伏羲氏的女儿宓妃为妻，心中非常嫉恨，决定发动战争，从洛伯手里将宓妃抢夺过来。洛伯自然要应对河伯的侵犯，双方都请了当时著名的占卜师昆吾占卜。占卜的结果是：这是一场没有胜者的战争！但河伯偏不肯罢休，他调动军队向洛伯进攻，洛伯虽顽强抵抗，却不敌河伯的疯狂进攻，最终被逼迫到洛水岸边。河伯派出使者向洛伯下达最后通牒：要么献出宓妃，要么全族被诛灭。洛伯告诉使者，宁愿全部战死，也决不使自己的爱妃受辱。此时，深明大义的宓妃请使者转告河伯，要他亲自驾花船前来迎亲。使者将宓妃的答复汇报给河伯，河伯大喜，于是择吉日，率手下将士来迎接宓妃。宓妃在族众悲切的哭声中，登上河伯的花船，然后纵身一跳，跃入洛河，被波涛翻滚的河水淹没。公主殉情的消息传到了伏羲耳边，伏羲大怒，发兵剿灭了河氏。宓妃自沉于洛水后，在洛河岸边，开了许多美丽鲜艳的花。人们说，这是宓妃化为了洛水之神，这就是洛神花的由来。

洛神花的故事，不禁让人联想起古希腊有关特洛伊战争的神话——同样是两大部落为争夺一位美丽绝伦的女子海伦而爆发了一场残酷战争，

圆 梦

战争的结果是整个特洛伊城市被大火和杀掠彻底毁灭。

安远县境内，由于气候、环境适宜，这里到处开着这种紫红色的花朵，浙大的研究人员和阳佳村的村民共同研制开发了以洛神花为材料的饮品和果脯，在网上也卖得很火。客人到安远参观访问，当地人奉上的不是普通的茶饮，而是用洛神花和冰糖熬制的洛神花茶。这种茶，汤色玫红明澈，口感清纯爽口，淡淡的清香沁人心脾，别具一番风味。

阳佳村的成功经验推广到全镇，获得了很好的效益。而这一成效被国务院扶贫办知悉，他们非常感兴趣，认为这是助力脱贫攻坚的有效手段，意欲向全国推广。2019年，全国消费扶贫现场观摩暨培训班在鹤子镇举办；2020年，鹤子镇被评为全国脱贫攻坚先进集体。

总而言之，安远县通过形成"山上果、林下药、大棚菜、田间薯、庭院花"五大产业的消费扶贫模式，走出了他们独特的扶贫路子，也全面落实了党中央关于"决不让一个老区群众掉队"的要求。

↑ 2019年，由国务院扶贫办主办的全国首个消费扶贫现场观摩暨培训班在安远县开班

2021年4月27日，国务院召开常务会议，提出改善县域消费环境，促进农村消费，是拉动内需、支持乡村振兴的重要举措。并指出，要把县域作为统筹农村商业发展的重要切入点，支持改造提升县城商业设施，促进县乡村商业网络连锁化。支持有条件的乡镇建设购物、娱乐、休闲等业态融合的商贸中心。还要扩大农村电商覆盖面，将县域商业设施、农产品产地流通设施建设纳入乡村振兴投入的保障范围。总之，会议的核心要求就是要加强县域商业体系建设。安远县鹤子镇和阳佳村的"消费扶贫"，可谓是走在了国务院号召的前面。

赣州市脱贫攻坚任务之艰，使命之重，不仅江西少有，全国也罕见。北京师范大学中国扶贫研究院所著《决不让一个老区群众掉队——脱贫攻坚"赣州答卷"》一书的前言说：新中国成立特别是改革开放以来，赣州经济社会发生了翻天覆地的变化，但由于种种原因，后发展、欠发达状况没有得到根本改变，仍然是全国较大的集中连片特殊困难地区之一，

↑ 宁都产业扶贫：富硒蔬菜唱响品牌

圆 梦

↑ 宁都产业扶贫：林下经济助农富

赣南老区还有相当一部分群众徘徊在贫困线边缘，贫困量大、面广、程度深、持续时间长，是我国贫困地区的典型代表，脱贫攻坚、振兴发展的任务非常繁重。

鼓舞人心的是，习近平总书记先后两次视察赣州，9次对赣南老区发展做出重要指示、批示，中央100多个部门按照中央指示精神，从政策和财力上对赣南老区给予了前所未有的大力支持，确保了老区与全国同步发展。赣州人民也在增强自身造血功能的过程中，发扬苏区干部好作风，努力创造第一等的工作，成为全国贫困地区快速发展的生动缩影。

03 搬出深山 天地宽

↑ 修水的搬迁群众前往安置点

这个标题，取自国家乡村振兴局网站刊登的修水县易地扶贫搬迁典型经验介绍。修水县在向上级进行工作报告时，如是写道：

"十三五"时期，修水县对标上级部署要求，因地制宜打造"四精五线"易地扶贫搬迁模式，引领"一方水土养不起一方人"的山区群众搬出深山、脱贫摘帽、同步小康。

在探索实践中，我们始终把握对象精准、选址精准、安置精准、帮扶措施精准，坚守搬迁对象精准"界线"、住房面积标准"标线"、控制建房负债"底线"、项目资金管理"红线"、稳定增收脱贫"主线"，着力解决"对象怎么定""新房怎么建""资金怎么管""搬后怎么富"等关键问题，朝着让山区群众"搬得出、稳得住、能发展、可致富"的目标奋力迈进。5年来，全县先后建设县、乡（镇）、村三级集中安置点141个，让4283户16741名山区群众实现"安居乐业"梦想。2016年3月，全省搬迁移民扶贫现场会在修水召开；2016年8月，我县在全省易地扶贫搬迁工作推进会上做经验介绍；2017年10月，"全省脱贫攻坚奋进奖"获得者徐万年同志出席国家扶贫日"减贫与发展论坛"并作典型发言；2020年11月，全国"十三五"时期易地扶贫搬迁典型案例通报中，我县获评"十三五"搬迁工作成效明显县等5项荣誉。

2020年，国务院扶贫办发布全国易地扶贫搬迁先进名单，其中江西省三个县入列扶贫搬迁工作成效显著县，这三个县包括石城县、修水县、于都县。国务院扶贫办同时还发布了扶贫搬迁工作担当有为集体，江西省6个市、县入围，修水县城乡一体化办公室再次入列。

提起修水，说来话长。修水县是江西省范围内最古老的方国。所谓方国，指古代的联合城邦制国家。有专家说，商王朝时期的国家是一种古国与方国的联合体。古国系指高于部落的，稳定、独立的政治实体，以红山文化为代表，距今约5000年。古国进一步发展则为方国。按照某些考古专家的研究结论是，人类最早的聚居地为部落，部落之上为氏族，氏族之上是古国，古国之上是方国，殷商时期方国的政体逐渐成熟。社会体制继续发展，其形制为：方国之上则为王国，周朝分封八百诸侯，后兼并激烈，东周时期仅剩战国七雄。王国的最后阶段，秦始皇扫平六国，统一天下，开启了延续2000多年的封建帝国时代。古国时代，江西唯有修水被纳入中原一带的政治体系，其余地方属于蛮荒之地。王国时代，江西终于进入所谓"吴头楚尾、粤户闽庭"的阶段。秦帝国瓦解之后，楚汉争霸，汉高祖剿灭项羽，逼迫楚霸王项羽自刎于乌江，再次一统天下，派遣大将灌婴南下，饮马赣江，并在赣江边修筑南昌城，江西全境终于纳入帝国版图，其时的修水，也成为南昌管辖的一部分。

如今，在江西永修县与武宁县（唐代，修水曾称武宁县，后析出数县，武宁县的名称并未取消，依然保留）交界的地方有一处名叫"艾城"的乡，有人质疑这个"艾城"即与"艾侯国"这个古老的方国有密切联系。

修水是江西省土地面积最大的县，它因修河而得名。它又是典型的山区县,一直以来,就有"八山半水一分田,半分道路和庄园"的说法。修水境内群山环绕,北有幕阜山,南有九岭山,山地面积占到县域总国土面积的65%,河流阶地和低丘面积合起来只占14.5%。全县海拔1000米以上的山头有64座,黄龙山主峰高1511米,五梅山主峰高1716米,山势陡峭,瀑布垂悬,苔滑路险,崎岖难攀。修水县境内的主要水系有两条,一条是修河,在流贯全境的过程中,纳入11条支流,最后注入鄱阳湖;另一条汨罗水发源于黄龙山,经湖南平江县注入洞庭湖。

作为亚热带季风性湿润气候区,修水县四季分明、热量丰富、雨量充沛,由于春夏之交多有强对流天气,导致暴雨、大风、雷电、冰雹等灾害天气频仍,山洪多发,对百姓生产、生活的不利影响很大。所以,居住在深山的老百姓,生活长期不得改善,千百年来一直处于贫困状态。

修水曾经发生过这样一个故事:一位居住在深山的中年妇女半夜突发脑中风疾病,家人赶紧唤醒同村村民协助将她抬下山去。毕竟山路险阻,天黑难行,一路颠簸跌撞,赶到山下的镇卫生所时,病妇已气绝身亡,根本无法救治,家人只好将其抬回家,按照山里的习俗下葬。丈夫失妻,儿女丧母,一家人抱头痛哭不已,却无回天之术!

类似的情景在修水县时有发生。

山区的地势陡峭,地块往往既狭小,又偏远,山民们下田耕作,往往要走很远的山路。这里曾经有过一个笑话,说有一个农民去莳田,他记得自己家里的田块有九块,莳完八块田以后,怎么也找不到最后一块田了,只好怏怏不乐地拿起斗笠回家。可是一拿起斗笠却发现,那块田竟然被斗笠盖住,怪不得找来找去找不到了呢!这个笑话也不知流传了多少年,一直传到今天,老年人讲的时候摇头不已,年轻人听了则双眼迷离、连声叹息——这个似乎长满苔藓的故事,在别处也曾流传,但在修水,却深深地扎下了根。

生产难、就医难、购物难（除了稍大的居民点有小卖店外，有些百姓连购买油盐酱醋都必须走上数里路）、入学难都是难以克服的难题。有些学生小小年纪就不得不每天早晨天不亮起床，匆匆用过早餐，然后顶着星星上路，他们的父母也根本无暇去学校看望孩子。高山崖壁之上，古木老林之间，山路盘旋、陡坡耸立，更加上野猪、豺狼出没，毒蛇隐藏草间，孩子们在上学路上遇到危险不止一次两次。移民搬迁办公室的副主任方新华讲到山民的困难，说，两座山的百姓站在山头上，可以聊天对话，可是要见面的话，足足要走上两三个小时。山沟里的村民急切盼望能改变这一景况。

有一句老话：穷则思变。修水的扶贫工作不始于"十三五"，早在"十二五"就已开始。"十二五"期间，修水县委县政府启动了移民搬迁工作，数年时间，他们先后拨出数亿元财政资金，将那些居住在深山老林，甚至三两两散居的山民尽量迁移到平缓地带。大桥镇有一个山口村，距离镇上比较近，步行十几分钟即可到达。按照县里统一安排，山口村共接纳了大山里好几个村的村民来共同生活，其中接纳的一个村，先后经历了两次搬迁。第一次搬迁在"十二五"时期，第二次则是在"十三五"期间。第二次搬迁是按照中央关于坚决打好脱贫攻坚战的统一部署实施的，获得了从中央到省、市政策及资金方面的大力支持，又有了第一次搬迁取得的经验，所以进行得很是顺利。"十三五"扶贫攻坚期间，除了完成中央和省、市部署的脱贫任务外，县里将主要精力放在移民搬迁上。毕竟，修水县百姓的贫困原因，首要的就是久居深山老林，远离现代文明。为了让深山里的百姓能获得彻底"解放"，县政府专门成立了移民搬迁办公室（又名城乡一体化办公室），为正科级行政单位，这在全国是独一无二的！正因为有这样的重视程度，才保证了脱贫攻坚的工作力度。谈到修水县落实脱贫攻坚的具体措施，包括，围绕"一个目标"(即精准脱贫),坚持"两个解决"(即山上的问题山下解决,山内的问题山外解决),实行"三级安置"(即县城园区、集镇和中心村——通过两次搬迁,全县迁入城区的群众已超10万余人,现在,修水县县城人口已达到30万人),做到"四个结合"(即搬迁扶贫与产业扶贫、基础扶贫、科教扶贫、保障扶贫相结合),把握"五个关键"(建房、配套、搬迁、拆旧、后扶)。以上"12345"的举措,取得了十分显著的效果。在整个"十三五"期间,全县累计投入移民搬迁资金6.53亿元,建档立卡贫困户2953户、10844人,建立易地扶贫搬迁集中安置点141个。到2020年底,全县全部的贫困户和贫困人口都实现了移民搬迁,走上了脱贫致富的道路!这一成果引起了外界的广泛注目,受到从国务院到省、市的大力表彰。

在扶贫攻坚战中,修水县各级领导心中明白,移民搬迁并不是最终目的,最终目的是要确保贫困农民走上致富的道路。如何做?如何达成

↑ 汤桥村姜家坳安置区易地搬迁安置点

↑ 上奉集镇安置点

共产党人的初心？修水县果断采取的措施是四个字：后续扶贫！

在后续扶持方面，他们采取"多快好省"的基本策略，以图从根本上实现搬迁群众在他们的新家能够安居乐业。在新的移民点，通过向贫困家庭子女发放从小学到初中的教学补贴，解决贫困户子女入学困境，这样，有利于子孙后代的发展，阻断贫困的代际传递。不少群众这样称赞："改革开放以来，修水山区群众得实惠最多的三件事：一是联产承包，二是税费改革，三是易地搬迁。"

修水县的做法可圈可点，引起上级相关部门的重视：

2016年江西省扶贫搬迁移民现场会在这个县召开；

2017年全省易地扶贫搬迁工作推进会、2018年全省易地扶贫搬迁电视电话会上，修水县均做了经验介绍；

2019年11月底，国家发改委地区司原副巡视员杨椠带队到这个县，对"十三五"易地扶贫搬迁工作进行全面排查，认为修水县移民搬迁有许多成功的经验值得总结推广；

03 搬出深山天地宽

2019年12月30日，国务院扶贫办网站刊登修水县易地扶贫搬迁典型经验材料，标题为《江西修水县：搬出深山天地宽 迁入新居幸福来》；

《扶贫开发》内刊2019年第10期刊登修水县易地搬迁经验文章《差别化驱动搬迁 特色化引领脱贫》；

2020年5月23日，新华社刊登《江西修水：让群众"搬得出、稳得住、能致富"》；

6月3日，新华社再次刊登反映修水搬迁成效的文章——《别了！"水帘洞"》……

修水县在整个扶贫攻坚战役中，除了前面引述的那些全局性荣誉外，还有局部和个人的典型事迹被国务院扶贫办，省、市扶贫办表彰；被中央和当地媒体宣扬。如黄沙镇汤桥村姜家坳安置区被评为美丽搬迁安置区；县委常委、茶科所党组书记朱秋生和杭口镇人民政府扶贫专干程扶摇，分别被评为奋进易地搬迁干部；上奉镇观前村集镇安置区胡尚海被评为励志易地扶贫搬迁群众；还有黄溪村前任支部书记徐万年、大椿乡船舱村驻村干部樊贞子和她的丈夫吴应谱……樊贞子和丈夫作为在扶贫攻坚战中牺牲的唯一一对"90后"年轻人，在当地人心目中树起了一座丰碑——本书在后面会讲到他们的故事。

如何做好扶贫攻坚工作，修水县总结出自身的几个经验：

1. 高位推动，确保责任落实精准

县委、县政府把易地扶贫作为脱贫攻坚的"头号工程"来抓，强化组织协调，压实工作责任，为易地扶贫搬迁工作的顺利进行提供了有力的组织保障。

2. 规划先行，确保搬迁范围精准

编制了《易地扶贫搬迁"十三五"规划》《城乡发展一体化规划》。一是瞄准"五个区域"，锁定"搬迁哪些人"。把精准识别搬迁对象作为

圆 梦

事关易地扶贫搬迁工作成败的"第一颗纽扣"。确定深山区、库区、地质灾害区、水源涵养区和生态保护区等特殊困难地方为易地扶贫搬迁的区域,以居住点、自然村、村民小组或行政村为整体搬迁单元,努力做到应搬尽搬。不能整体搬迁的,优先搬迁建档立卡的贫困人口。迁出地原则上实行"一个必须、两个不安排"。"一个必须"即原有旧房必须拆除(传统古村落和历史文物除外)。"两个不安排"即原则上不再安排基础设施建设项目和农村危房改造指标。二是采取"三级安置",引导"人往哪里去"。对搬迁对象采取县城园区、中心集镇、中心村

↑ 山口镇上桃村安置点

→ 搬迁群众为新居贴上春联，其乐融融

（行政村）三级梯度安置方式，即：将家庭经济条件相对较好，尤其已有家庭成员在县城或工业园区打工的农户，引导他们进县城进园区集中安置；对部分具备一技之长、要求留在乡镇生产生活的搬迁农户，在就业机会较多的集镇建点进行安置。对没有离乡意愿的农户，打破村界，在基础条件较好和公共服务相对完善、具备条件的中心村（行政村）建点进行安置。

3.广泛宣传，确保搬迁对象精准

（1）宣传发动。在《修水报》、修水电视台开设《易地扶贫搬迁》专栏，编印《易地扶贫搬迁政策指南》《易地扶贫搬迁宣传手册》发放到基层干部和搬迁农户手中。迁出地乡镇做到了"四到户"，即工作人员上门到户、宣传资料发放到户、政策规定宣讲到户、群众疑虑解释到户，把政策原原本本地告诉群众，不夸张、不许愿，做到家喻户晓、人人皆知。

（2）规范程序。对搬迁对象采取"一申请、两公示、三审定"的基本程序，由农户自主申请，经村组、乡镇、县级逐级审查，通过乡村两级公示后最终确定搬迁农户。

4.多方论证，确保安置选址科学

在安置去向和建房方式上充分尊重群众意愿，不搞"拉郎配"、不搞强迫命令。一是安置选址群众参与选。按照出行、就医、就学、就业和获得信息"五便利"要求，由群众初步选定安置地点，再结合乡镇、部门意见，最终确定选址。二是建房模式群众参与定。有统规统建、统规自建和统规代建三种方式，园区、集镇采取楼房安置，实行统规统建。中心村采取一户一宅，实行统规代建或统规自建。各乡镇在操作中充分尊重群众意愿，听取群众意见，实现民主决策。三是群众参与管理建设质量。统规统建的实行"四制"管理，统规代建、统规自建的除政府监管外，群众主动参与管理，充分发挥建房理事会和搬迁户的监督作用。

5.严格政策，确保建设管理精准

（1）坚守建房面积"标线"。一是分类建设。大多数安置点基本上有三种建房模式：第一种是同步搬迁户建房，每户占地面积不超过120平

↑ 修水县易地扶贫搬迁津怡、良瑞、紫竹、鹏宁小区摇号分房仪式在宁河大剧院举行

方米，两层半结构，按照新农村的标准使用新户型。第二种是建档立卡户建房，按照"保障基本、安全适用"的原则，采取"打二建一"的办法，即人均建设面积不超过25平方米，预留续建空间，先建一层半毛坯房，待脱贫后再扩建或加层。第三种是特殊困难户建房，采取统规代建方式，建设"扶贫新居"进行兜底安置，实施"交钥匙"工程。二是严控面积。对建档立卡户建房重点是把好"三关"：把好图纸设计关。按照各户家庭人口数量，给出25、50、75、100、120平方米5种户型，做到住房面积"因人而定"，对应到户。把好规划放线关。由乡村统一放线，无规划放线不建房。把好干部包户关。由结对帮扶干部包户跟踪管控，确保不超标。

6.多措并举，确保后续扶持精准

在落实医疗、教育、社会保障等方面政策的基础上，通过产移结合，以产促迁，重点实施"五个一"工程，让搬迁农户实现"有家业、有就业、有产业"的目标。

这些后续扶持的具体措施包括——

一户一个生活小菜园。通过流转土地建立小菜园基地，或在房前屋后建立微菜园、微果园，为每户提供1～2分菜地，解决搬迁户日常吃菜的问题。有记者在修水县黄沙镇汤桥村采访时，亲眼看见一位穿着时尚的姑娘，上身是靓丽的连衣裙，脚蹬一双高筒胶鞋，在小菜园里弯腰采摘香葱。记者跟她搭话，那姑娘丝毫不怯场，爽朗回答说："自从家里从山中搬到山下，我们的一切都改变了，作为年轻人，我和我的姐妹们也能跟上社会的节拍了。"

每个迁入点各有一项主导产业，组织有劳动能力的搬迁户直接参与产业发展。与修水县相邻的湖南省平江县，豆腐制作远近闻名，大桥镇中心口村开办了豆制品加工厂，引进平江县的师傅，手把手地教村民制

↑ 马坳镇黄溪村安置点的蚕桑产业区

作豆腐。在作坊里就业的村民学到了一门手艺，摆脱了土地上的劳作，有了固定的收入，改变了昔日贫困的状态，生活的自信心大大增强。

确保一户一人稳定就业。全县各移民点采取公益性岗位安排一批、安置点就近安排一批、城区园区安排一批、外出务工输出一批、创业发展带动一批的渠道，多方面解决贫困户就业问题。这期间，对有培训需求的搬迁户实行按需培训。这样，便确保了山区群众搬得出、稳得住、能发展、可致富。

7.搞好收官验收和资金审计

进行联合验收。组织县城乡一体化办、住建局、应急管理局、发改委等单位对全县141个安置点进行了联合验收，查缺补漏，提升安置点基础设施和

↑ 建档立卡搬迁对象在产业基地劳动

公共服务水平。同时还推进项目资金审计。全县141个安置点的项目资金审计，全部完成验收结算，规范了资金管理。

下面，我们来具体描绘一下修水移民的后续扶持是如何取得成果的。首先，当地严格按照"核心是精准，关键在落实，实现高质量，确保可持续"的工作要求，举全县之力，打好这场硬仗。所谓"核心是精准"，就是解决一个"扶持谁"的问题——这实际上是接续了移民搬迁时的工作。县里摸索制定了一个精准识别"七步法"，这"七步法"包括农户自我申请，村民代表大会民主评议，村"两委"逐户摸底排查核准，村级初选名单公示，依据村民意见进行调整……然后由各乡镇扶贫工作站统一建立贫困户动态档案，确定帮扶计划和责任台账，做到"户有卡、村有册、乡有簿"。有了扶贫对象，有了台账，下一步就是落实"谁去扶"。按照党中央的统一要求，扶贫工作自然是全党的责任，是每一个干部的责任。但这个责任必须要压实，落实到具体的人。该县成立脱贫攻坚工作领导小组，由县党政正职任组长，组织全县8000多名党员干部深入脱贫攻坚一线，按照处级、科级、一般干部分别结对不少于6户、4户、2户的标准进行结对帮扶。全县设立37个乡镇扶贫工作站，在各村建立扶贫工作室，挂点县领导对所挂乡镇脱贫攻坚负总责，全面推行乡镇长和村主任包乡镇、包村责任制，修水县城乡一体化办公室有一份材料，介绍黄沙镇汤桥村易地扶贫搬迁安置点"合作社+基地+搬迁户"后续扶持工作的典型案例，材料写得详细而具体，有可资借鉴的作用。

汤桥村的基本情况：它位于修水县黄沙镇东部，面积22.1平方公里，其中耕地面积3484.14亩，山地面积21000亩，水面面积1625.7亩。全村辖21个村民小组，578户，人口2432人。是一代帝师万承风故里，生态优美，民风淳朴，文化遗产丰厚。还拥有全省水温最高，富含硒、钙，水质优良的天然温泉。

↑ 黄沙镇汤桥安置点

作为"十三五"贫困村,该村有建档立卡人口59户230人。通过两次扶贫搬迁,基本搬出了山沟沟。

搬出了深山,还有解决温饱、走向致富等一系列问题在前面等待着他们。

安排公益性岗位、安置点就近安排就业、城区园区安排就业和外出务工等,固然能解决温饱,但走上富裕之路,还是要有新的举措、新的思路。在党组织和扶贫干部的引导下,汤桥村民意识到,脱贫攻坚根本之策是产业发展。于是,村里部分农户开始外出学习,学成后回村里规模种植菊花。种植菊花,对于山区的百姓来说,称得上是开天辟地第一回,但村民们以精细的管理和勤勉的作风,再加上所掌握到的学习经验,组合运用,居然获得了成功,金灿灿的菊花晒干后,销售到外地,换来了大笔的钞票,这引起全体村民极大的兴趣。第二年，村里6名党员和4名个体经营户各出资10万元，总计100万元，组建成立汤桥村碧水菊花种植专业合作社，按照新型企业管理模式，选举产生出理事会、监事会和法人代表等组织机构，制订了合作社章程和相关制度。合作社成立了，经过对村民们的说服动员，在全村共流转土地1800余亩，山林500余亩，再加上租用1座小（2）型水库、300亩山塘，又在移民安置点旁边长期租赁1幢办公楼、1000平方米的生产厂房，形成一个集菊花种植、采摘、烘干、包装、销售为一体的完整型合作社。

中国古代先贤对于菊花有着深厚的感情，所谓"采菊东篱下，悠然见南山"（陶渊明《饮酒·其五》）；"秋风倾菊酒，霁景下蓬山"（权德舆《过张监阁老宅对酒奉酬见赠》）……不过，这些感情寄寓的多是士大夫悲怀情绪，看重的是菊花高洁孤傲的品性，却与生活在社会底层的百姓民生无关。修水县百姓开始种植菊花，则主要看重的是：它是脱贫攻坚、助力乡亲脱贫致富的有力手段！

回到碧水菊花种植专业合作社的话题中来。

合作社形成一条龙的生产规模后，又流转土地518亩，引导组建了联皇农场、南美白对虾养殖基地、民进公司等4个新型农业经营主体，分别由党员胡联皇、李平以及致富能手谭秋平领办，发展四季采摘果园360亩、特种水产南美白对虾养殖125亩、月季苗圃基地8亩、套种金丝黄菊240亩，构建多种产业联动发展新格局。

当地一家媒体曾报道汤桥村碧水菊花种植专业合作社的事迹，这样表述：搬迁农户原来在山里以小农经济为生，习惯于"红薯饭，茶壳火，除了神仙就是我"的生活，对于发展现代农业，他们缺少技术，也缺少抗风险能力。如何调动他们的积极性？村"两委"班子和合作社理事会成员做到"四到户"，即上门动员到户、资料发放到户、政策宣讲到户、

圆 梦

← 黄沙镇塘桥村安置点的体育场

疑虑解释到户。村"两委"班子、合作社理事会成员走出村门，自费到安徽的休宁、歙县和本省的婺源、新余等地学习考察，选准菊花品种，制定规则，对建档立卡搬迁户免月租、免费提供种苗、免费技术指导和管理，实行保底价收购，这叫作"三免一保"。有了"三免一保"，解决了贫困户的后顾之忧，大家的积极性自然高涨起来。

碧水菊花合作社分析市场形势，制订了未来的产业发展规划，做到长短结合、循序发展，合作社引进了多个品种进行对比试验，确定"皖菊一号"为主推良种，并聘请安徽休宁菊花的种植农艺师前来传授技术，现场指导。同时坚持能人带动，充分发挥示范引领作用。万继华种植6亩菊花，当年获利4.5万元，成为典型中的典型。几年来，合作社累计种植菊花700余亩，共计创收500余万元；其中精准扶贫户种植菊花200亩，亩产增收达到5000元左右，创造了高效产业扶贫的典型示范。大部分搬迁户搬迁后一边实现就业、一边发展产业，做到安居与乐业两不误。

03 搬出深山天地宽

↑ 村干部将新居钥匙交到群众的手上　　↑ 搬迁群众搬入新居

在修水,"合作社 + 基地 + 搬迁户"的模式是一个很成功的模式,因此实施得非常普遍。对待搬迁户,当地有几个倾斜:一是在参社入股上倾斜,可以实行土地转资入股,也可以实行劳务工资入股等。二是在利益分配上倾斜。对参与合作社的建档立卡搬迁户,在每亩免费享受 500 元的土地租金、400 元的苗种费的基础上,还可以享受县级贫困户产业补助 400 元 / 亩。同时,在年度合作社盈利分配时,预留 3% 的盈利分红给建档立卡贫困户。如公司未有盈利,也保障建档立卡搬迁户的股金的 10% 分红。三是在劳务用工上倾斜。产业合作社流转土地面积广阔,务工需求较大,年度劳务工资达 50 余万元,同时还有公益性岗位、温泉洗浴中心用工等,基本上都安排建档立卡搬迁户,人均可增收 5000 元 / 年以上。

汤桥村的碧水菊花合作社在扶贫攻坚中还有他们独特

的措施，通过"串门认亲"，结对帮扶，合作社理事会10个班子成员每人帮扶3～4户建档立卡搬迁户，为脱贫致富装上"双保险"。又专门为建档立卡搬迁户建立一个菊花种植高产示范基地，使搬迁户拥有自己的固有产业和稳定收入。当然，他们还坚持"扶贫不养懒汉，特困必须救助"的原则，对无劳动能力、重病残疾、困难就读的特困家庭，采取物资、资金等方式以帮助，受到好评。

碧水菊花合作社的做法，有了多方面的收效：

一是通过合作社带动、技术指导和一系列的优惠措施，社员在产业发展上干劲足，形成了你追我赶的势头，"等、靠、要"思想彻底改变。形成以菊花为主导，以百果园为重点，以水产养殖、花卉苗圃为推手的产业发展格局，每年种植500亩菊花，鲜花产量达70万斤左右，按10∶1的比例烘干后，达7万斤左右，纯收入不下于400万元。

二是实现了农户增收。建档立卡贫困户深度参与产业发展，参与率达70%，他们种植的菊花亩产量达1500余斤，按照每斤最低保底价5元/斤，收入可达8000元/亩，而鲜菊市场价格高的时候可达10元/斤，这样，每亩收入便有15000元。加上减免土地租金和苗种费900元，以及享受县级产业直补400元，一亩菊花又可增加1000多元的收入。要是在合作社务工，每户有5000元至20000元不等的劳务收入。而按照入股资金的不同，每户年终还可领取几百至几千元的红利。以上4项加起来计算，菊花种植的收入每亩至少有20000～30000元！

易地搬迁和后续扶贫的"双引擎"组合拳，为汤桥村顺利退出贫困村行列安装了强劲的"双翼"！

2020年，汤桥村获得"国务院'十三五'美丽搬迁安置区"的光荣称号，我们不妨对这个汤桥村再做详细一些的介绍。

汤桥村有一位名叫林英华的搬迁户，原先居住在深山里面，事事处处都不方便。一家 6 口人，父母、夫妻和一儿一女，仅凭几块薄田耕种，收入低、进项少、缺钱花，日子过得紧巴巴的。自从迁下山来，在政府和扶贫专干的关心下，生活有了根本变化。我们来统计一下林英华家庭经济的变化：

首先，儿子进入县城读初中，按照政策，学费和书费全免，每年还有 625 元的生活补贴；

父母看病，因家中纳入低保，可报销金额为 90%，大大减轻了经济负担；

家人的低保补贴合计起来有 10000 多元，基本生活费有了保障。

更主要的是，他和妻子共同种植了 2 亩金银花，10 多亩西瓜，这两项年收入有 20000 多元。

此外，村里搞了产业基地，夫妻俩在空余时间会去基地打零工，这又是一笔收入。

林家原先在山上分配的土地依然保留在那里，家人依然可以回到那里种些农作物，获得一定收成。

最近，林英华家的女儿已经从师范学校毕业，正在等待分配。等女儿当了教师，她起码可以自食其力，家庭负担又减少了一份，林英华夫妻俩对未来的日子充满了希望。

现在，林华英一家居住在由政府统一规划和建造的搬迁房里，屋内装修得简单却适用，客厅、饭堂、卧室、厨卫一应俱全，夫妻俩将屋内打扫得洁净清爽，给人留下很好的印象。

前面说过，修水县在统一建造安居房时，有一个独特的做法，他们将安居房的地基打得较深，可承受两层的重力，但由于目前资金有限，先只盖起一层房屋；等搬迁户以后在收入上有了改善，获得足够能力，可以再往上面加盖一层。这样，一层楼就变成了两层楼，搬迁户的居住

圆 梦

← 搬迁群众庆祝搬入新家

面积自然增加了一倍！林华英和妻子打算不久的将来就要实施房屋加盖的计划。夫妻俩说，女儿和儿子，无论谁将来成家，如果不去外地，都可以把这个家当作自己的家！夫妻二人舐犊情深，让人感动。

前面提到的大桥镇山口村也有许多感人的故事，这里不妨略加记述。山口村是这个村的原名，自从吸纳了山上多个村搬迁而来的村民后，更名为山口中心村。为了便于工作，村党支部和村委会成员进行了改选。一直以来，各地农村都存在家族、宗族势力独霸权力资源的状况，但山口村的百姓却很通达。他们在镇党委和县扶贫专干的循循引导下，打破旧的习俗，选举村"两委"干部时，真真实实按照德才兼备的要求，把手中的选票投给那些优秀的村民——不论他是不是本村的"土著"

村民。山口村的妇女主任,是从外村迁来的。她长相清秀、泼辣能干,在妇女群众中属于佼佼者,理所当然当选,担任妇女主任后,她事事主动、敢于担当,为村里承担了很多工作,受到村民一致好评。她的丈夫和她在山上原本是同一个村的人,又一同迁到山口村来。村民开她的玩笑,说她是"肥水不流外人田"。当了山口中心村的妇女主任后,她要为全村村民服务,为抓好村里的妇女工作忙前忙后,自己的小家也不能不顾,所以回娘家的机会不多。母亲在村里开了一家民宿,忙碌得很,自然也很少去打扰女儿。有时,因为工作需要,女儿到了娘家居住的那个村民小组,母亲一定要她在家里吃饭,鸡鸭鱼肉摆满一桌,吃得她撑得不行。这时,她会跟母亲撒娇:以后再这样把我当客人,女儿可不敢回

↑ 大桥镇山口中心村安置点

来看爹娘了！母亲用手指戳着她的头，笑着说，看你这个丫头，当了个小主任就跟娘摆架子。我们村书记（她在这里已经不自觉把自己当作山口中心村的村民了）来了这里，都会进门来看望我，嘘寒问暖的，亲民得很呢！

还有一位村民，个头高瘦，双眼却很有神采，他是汤桥村里脱贫攻坚的又一个典型。原先住在山上时，踌躅封闭，心里有想法、身上有力气而不得施展。搬下山后，他的眼界开了，思路广了，一身本领终于有了用武之地。他弄了一辆农用运输车，替人拉建材、跑运输。包了一些田地种油菜，还包了山地种果木七八亩，种杉树林七八亩；妻子则出去打零工。这样，一年算来，家庭收入不下 7 万元，完全解决了温饱问题。

在修水县的每个乡村，都可以看见一个流动菜摊——那是群众自发、县里有意支持的"新生事物"。名义上是"新生事物"，其实，很早以前，社会上就有过一种流动货郎，走村串户，做点小生意。不同的是，货郎靠一双脚，挑着担子跋山涉水，十天半个月不见得来一次。农民们虽然欢迎这种小货郎，但由于货郎担装的货物少，来去间隔时间长，无法解决群众的根本需求。而流动菜摊则不管隆冬酷暑、刮风下雨，每天都准时出现在村头。现在，修水县境内的公路已经通到了每个村，菜贩子们在老乡那儿收购了各式菜品后，便驾着车驶向村村寨寨。每到一村，村民们都会围上来，挑拣自己需要的菜。而那些"五保户"村民，无儿无女，自己无法种菜，虽然有低保金，外出买菜也不方便，有了流动菜摊，他们便享受到极大的便利。看着大家簇拥在流动菜摊边的情景，不禁让人联想到中国的乡村正在向城镇化迈进的图景。

由流动菜摊，还会引起人们对农业机械化的思索。在搬迁点，可以看见水稻收割机静静地躺在那儿，它浑身被擦得锃亮，就像随时准备出征的猛士。中国的农业机械化早在半个世纪前就提出了，可一直没能普

03 搬出深山天地宽

↑ 政府出台政策收购蚕茧，农民的收入有保障

遍实现，而如今，在修水这样的山区，在移民搬迁点上，农业机械已经普遍使用，无疑，它象征着国家大踏步地前进，预示着中国的经济发展会有无限的前景和未来……

这里，我们还要介绍一位年轻的第一书记，这位第一书记名字叫何江，工作单位是九江市城建局。他个头不高，戴着一副眼镜，完全是一副书生模样。但从事脱贫攻坚，被派到基层，让他感到肩上的责任沉重，他不仅吃住在村里，还把自己的组织关系也转到村里。他说，只有这样，才能让自己真正做到和村民同心同德、心心相印。几年来，他经常外出，帮助村里推销菜油和菊花，通过自己的单位市城建局筹来10万元资金，帮助村里改善基础设施，还绞尽脑汁，协助村里建了3个光伏电站——每个光伏电站投资20万元，年收入能有三四万元。这一帮扶成果，既给村民带来极大便利，还使得村集体有了一定收益。村民们说，我们需要这样的扶贫，这才叫扶贫扶到点子上！

2020年，是全面建成小康社会目标实现之年，也是全面打赢脱贫攻坚战的收官之年。偏偏这一年，发生了前所未有的新型冠状病毒性肺炎疫情。修水县积极响应党中央和省、市委的号召，采取积极应对措施，先后下发《关于有效应对新型冠状病毒感染肺炎疫情坚决打赢脱贫攻坚战的通知》《关于积极应对当前疫情全力做好脱贫攻坚有关工作的补充通知》等相关文件，并召开脱贫攻坚专题调度视频会，确保脱贫攻坚和疫情防控工作同步推进。县里要求驻村的354名第一书记和1108名帮扶干部全部到岗到位，广泛宣传疫情防控科普知识，以代购、代领和统一派送的方式，保证贫困群众的日常生活供给。在全面掌握贫困户和扶贫新型农业经营主体复工复产情况的基础上，修水县一方面巩固老产业，一方面引导贫困户发展新产业，尤其是发展饲养生猪、牛、羊等周期短、见效快的养殖业。他们提出的口号是：疫情期间，一定要做到稳岗就业。各产业主管部门和基层农技站深入田间地头，加强对农户尤其是贫困户的技术指导。很快，在疫情发生后的短时间内，全县281个"一领办三参与"基地全部复工复产——其中包括161家受疫情影响较为明显的新型经营主体。

修水县及时组织帮扶干部全面掌握完善贫困家庭劳动力就业去向、就业需求和贫困家庭劳动力动态管理等相关台账。一方面开展线上招聘，另一方面鼓励自主创业。对返乡创业贫困户提供创业咨询、培训和担保贷款等优惠服务，凡在县内初次创办企业的个体工商户，只要属于贫困人员，给予一次性创业补贴5000元。同时，在县里的企业开办扶贫车

↑ 修水县免费包车输送农民工返岗

间,在社区增设公益性岗位(全县疫情期间增设公益性岗位324个,共安置贫困劳动力就业3022人)。还给予吸纳贫困劳动力的企业发放以工代训补贴,比如企业每安置一个贫困劳动力,只要该劳力工作时间满6个月,则给予企业1000元的政策奖补,这调动了企业的积极性,收到极好的防疫抗疫效果。

黄坳乡三塘村有一项扶贫产业,即黄羽乌鸡孵化厂。这个厂总投资320万元,纳入全村40户贫困农户为股东。这些贫困户每户以2000元入股,年底盈利可以分红,平时还可以进厂里就业,这样,贫困户的年收入可达3000元以上。有一位叫郑唤亮的贫困户,在厂里务工,每天收入100元左右。他积累了养鸡经验,也有了一定资金,果断下决心,要饲养黄羽乌鸡6000羽,凭此一项,年收入可突破20000元。

产业扶贫积极有效。这个县还注重消费扶贫,通过加快推进政府采购,鼓励各单位工会和帮扶干部助销扶贫农产品,累计帮扶销售扶贫产品百万余元。同时加大金融扶贫力度,对有贷款需求的扶贫经营主体和

圆 梦

贫困户，加快审批进度，及时发放贷款。对受疫情影响较大的贫困户个人和经营主体，合理延后还款期限，并确保贷款延后期间利率不上浮。

修水县漫江乡，在2020年开展了"五一·五星"扶贫扶志感恩教育活动，评选出贫困户中的感恩星、文明星、产业星、自立星、孝顺星，共计48人。全乡7个行政村的贫困户、村"两委"干部、帮扶干部和乡驻村领导齐聚一堂，重温入党誓词，提高对党的扶贫攻坚政策的认识，表达自立自强的意志和决心，激发贫困户自我发展的内生动力，积极投身到乡村振兴的伟大事业中去！各村驻村第一书记、乡班子成员围绕脱贫攻坚感恩教育发表讲话，强调要全面打赢脱贫攻坚战，把握乡村振兴建设契机，上下一条心，拧成一股绳，切身体会到党的恩情，意识到自立自强的意义，全力发展"产业""就业"两业，积极投身到乡村振兴的伟

↑ 修水县漫江乡宁红村的茶园

大建设中去。尚丰村的"感恩之星"黄元全发言时说:"感谢党,感谢政府,现在吃穿不愁,住得好,看病有保障,只有勤劳才能致富,今后的日子一定会越过越好。"

写到这里,我们必须介绍修水县扶贫攻坚战中涌现出来的先进典型人物。首先要介绍的是樊贞子夫妇。樊贞子在朋友圈里,贴着这样一段话:

> 本人贫困户家养土线鸡,不吃饲料,纯土鸡,35元/斤,一只大概4.5斤左右,深山土鸡,味道鲜美,可送货上门,有需要的联系我。

樊贞子,是江西新余学院2017届语文教育专业的毕业生,担任过学院第六届团委和学生会的干部。在全国高等学校学生信息咨询与就业指导中心的网页上这样介绍这位女孩:她是老师心中的得意学生、"同事"眼中的最好搭档,更是同学身边最佳的伙伴,深得学院师生的喜爱。大学毕业的当年,她就考上了修水县大椿乡政府的公务员。脱贫攻坚战役打响后,她被分配到路程远、条件差的深度贫困村船舱村,吃、住在村里,和村干部、贫困户一起生活、劳动,共商脱贫攻坚大计。在驻村期间,她还兼任乡镇妇联专职副主席、组织委员、办税员等工作,村民们,尤其是那些上了年纪的贫困户,都把她当作自己的孙女儿看待。这期间,她结婚了,怀孕了,可是丝毫没有动摇她坚守岗位的意志和决心。船舱村是大椿乡最边远的村,樊贞子领了村里4户贫困家庭的脱贫任务,她不时会挨家挨户上门嘘寒问暖,将米、食用油和衣物送上门去。那一年冬季,

圆 梦

她要去自己的结对帮扶对象游承自家走访，走访结束后还要赶到县城与外来客商洽谈乡里引进的一个项目。丈夫吴应谱担心怀孕的妻子来回路上匆忙，便主动开车相送。吴应谱老家正是船舱村，路熟车快，却大意失荆州，在赶赴县城的路上，车子在过一座桥时，不幸坠落河中，夫妻俩双双去世！听到樊贞子不幸去世的消息，游承自老泪纵横，他说，我已经75岁了，是贞子生前的帮扶对象。贞子以前经常上我家里来，每次见到我，都喊我"爷爷"。一次，他对别人说："我昨天梦到贞子了，她一直笑着喊我游爷爷。还问我，最近吃饭还好吗？身体千万要保养好。老人家身体好了，对子孙晚辈都是福报！"讲到这些，游承自泣不成声。在吴应谱、樊贞子夫妇的遗体告别仪式上，他们两人的亲友、同事、帮扶的贫困对象以及社会各界人士千余人前来送别，樊贞子当年就读的新余学院也专门为她举行了隆重的悼念仪式，同学许财连在仪式上说：

> 你问过我海南的风景空气是不是都很好，当时我说有机会你可以去看看，现在我想告诉你，有你在的地方，都是风景，你永远都在我们心中。

《人民日报》以半个版的版面刊登了樊贞子的扶贫事迹，所用的标题是：最美的青春，定格在扶贫路上。

江西省内的报刊，也大篇幅刊登了樊贞子及其爱人的事迹（吴应谱也是修水县驻村干部，担任一个深度贫困村的第一书记。在那个村，他写下了8大本密密麻麻的工作日志，推动完成村组公路硬化8.6公里，改造提升2.6公里主干道并铺设沥青路面，完善村里的饮水工程和电网改造，建成103亩蚕桑基地，配齐垃圾处理设施……），樊贞子还荣获由全国脱贫攻坚奖评选表彰工作办公室授予的"2019年全国脱贫攻坚奖贡献奖"——全国仅 26 人获得该奖项。2019 年 3 月，吴应谱、樊贞子夫妇获评敬业奉献类"江西好人"。

吴应谱和樊贞子，是全国扶贫攻坚战中唯一牺牲的一对"90 后"夫妻。他们年轻，对生活和未来充满了希望。樊贞子出生于一个富裕家庭，可是当她成为乡里的扶贫干部后，亲眼看见贫困家庭的生活景况，坚定了自己的人生选择。在入党申请书中，她这样写道：

> 走访了很多村民，其中一些是贫困户，他们无一不跟我诉说着以前的日子有多苦，是党和政府一直以来对他们不抛弃、不放弃，鼓励他们重拾信心……我既然选择了，就应该勇往直前，承担起一名基层公职人员的使命——为人民服务。

她和爱人一起，用生命实践了人生的诺言！

马坳镇黄溪村，地处崇河岸边，其上游是国有的东津水电站，从水电站流出的水成为村里水稻灌溉的唯一来源。但是，水库放出的水一年四季都维持在 8℃ 左右，不利水稻生长，因此稻谷产量很低。而且这个村交通不便，一面背山，三面环水，一条简易泥土路，颠簸难行。再加上没有副业，经济发展落后，直到 2015 年，还是县里有名的贫困村。据说，那时村干部已经连续 5 年没发工

↑ 马坳镇黄溪村的农户实现自动化喂养蚕

圆 梦

资，负债竟达惊人的200多万元。经调查摸底，全村建档立卡贫困户66户227人，贫困率高达7%。不过，村里有一位能人名叫徐万年，脑筋活络，很早就选择了出去闯荡，成为当地有名的民营企业家。

村委会换届时，大家想到了徐万年，希望他能回村里主持工作，带领大家摆脱贫困，走上富裕之路。马坳镇党委班子遵从村民意愿，也反复上门劝说徐万年，说："一个人过得再好也没用，大家好才是真的好。"最触动徐万年的是，某一天晚上，他准备上床睡觉了，却听得外面有敲门声，打开门一看，原来是村里年过八旬的老支书方三黄。老人说："我是走了十来里路，专门找你的。你责任心强，踏实肯干，一定要担起这副担子呀！"就这么一来二去，徐万年终于被说动了。他走马上任，第一件事就是带着村"两委"成员外出参观学习，赴上海、江苏、山东等地求取"真经"。回来后，在村民代表大会上，他郑重宣布：自己不拿一

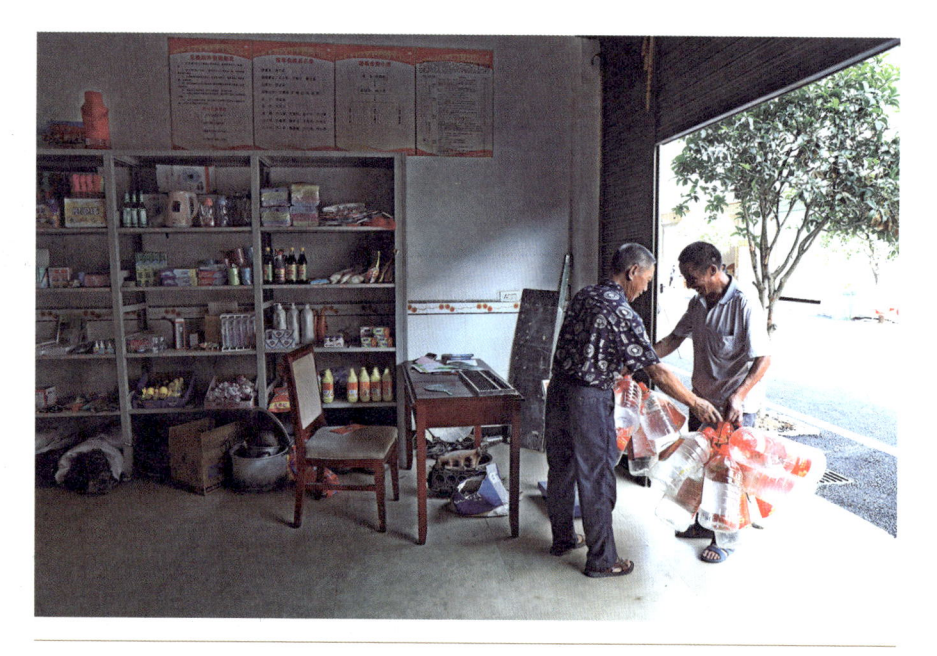

↑ 黄溪村文明新风超市，用废旧物积分换商品，鼓励贫困户保护环境，不要乱丢垃圾，保持良好习惯，树立文明新风尚，建设美好家园

分钱工资和补贴，不报销一分钱差旅费；村干部不参与村里的项目，不抽项目承包方一根烟，不喝他们一顿酒，不吃他们一顿饭；每月召开一次全村大会，通报村里发展情况及未来规划……

——这好比是徐万年向全体村民立下的军令状或出师表！

黄溪村的现实条件，除了山高水冷、交通不便外，还有人多地少、资源匮乏的问题。徐万年按照县里的统一部署，把移民搬迁、危房改造、新农村建设等有机结合起来，以建设中心村的方式，实现村庄就地城镇化、农业产业化。这期间经历了4个村小组拆旧建新、240亩田地统筹征用、4000多座祖坟搬迁等难题。徐万年带领村干部们以身作则，走在前面，破解了那些难题，村里没发生一起上访事件。徐万年还以自己的企业为担保，从银行贷款400万元，修建了一座从黄溪通往外界的桥，给闭塞的黄溪村民带来了极大的便利。

为了彻底改善黄溪村百姓的生活条件，村干部们想尽办法，建成了修水县首个村级自来水厂、首个村级公墓区、首个垃圾焚烧厂等，村民们通过干部们的这些作为，深深感受到移民搬迁和新农村建设是为了更好的发展，让自己和子孙后代过上更好的生活。

2019年，黄溪中心村500栋连体式别墅区建成，村里有菜市场、超市、沼气池、休闲广场、室内篮球场等，还打造了3.7公里长的崇河景观带……

担任县移民搬迁办公室副主任的方新华是从黄溪村走出去的，岳母从来没到过亲家的老家黄溪，主要是因为这里路途太过难行。徐万年把桥修好后，方新华将岳母领到黄溪村，请老人家亲眼看看这个深度贫困村巨大的变化，老人家不住赞叹，说，你们村里的干部可是真能干呢！

在深化农村经济体制改革方面，徐万年有一个独特的创造：为了更好地发挥土地的经济效益，对各家各户的土地进行"确权、确股、不确地",也就是确认土地所有者的地权指标及参股份额,却不确定具体地块,统一实行集约化大户承包制。目前全村拥有土地耕作面积1326亩,已完成土地流转面积1150亩,这种创新方式,改进了小农经济耕作方式,解放了劳动生产力,深受村民欢迎。

徐万年是位好思索的人,他对村里的未来提出了"五化四有"的目标,即"农业产业化、土地园林化、耕作机械化、住房城镇化、农民工人化"和"家家有资产、户户有股份、人人有就业、年年有分红"。围绕这一目标,现在的黄溪村形成了蚕桑、蔬菜、茶叶、花卉苗木、有机葡萄五大主导农业产业,先后建立5个专业生产合作社,采用"基地+股份+农户+公司"模式,全村种植无公害蔬菜200亩、花卉苗木300亩、茶叶500亩、有机葡萄60亩,年创收1800余万元。还建有一座蚕丝加工厂,本村生产的蚕丝,全部可以自己加工消化。2019年,黄溪村村民人均纯收入突破2万元,贫困户人均纯收入达到8000余元,63户贫困户如期脱贫。2020年12月24日,黄溪村第一次给全村500位60岁以上的老人发放福利金,老人们围坐一堂,品茗交谈,其乐融融,大家的话题不由自主地转到村干部身上,纷纷夸赞徐万年是真正为老百姓做主的好书记!

2020年,徐万年在医院做胆囊手术,医生发现他的肝部已经出了问题,劝他住院治疗。可他心里总放不下扶贫的事,所以一拖再拖。直到妻子匡连英说:"村里年轻的干部都成长起来了,你应该放手让他们干才对。"徐万年觉得妻子的话有理。村里的干部要一代一代锻炼成长,村委会主任方小华的工作能力和水平已经为全体村民认可,也得到上级的肯定,把这个班交给他,自己完全可以放心。于是,他愉快地离开已经干了多年的工作岗位。他肩上的担子卸下了,心里感到了轻松,至少可以安心去治病和养护身体了。而接替他的方小华,正充满朝气和信心,继续带领村民朝着未竟的目标前进——这正应了革命前辈的一句诗：

> 擎旗自有后来人！

修水县黄沙镇有一面荣誉墙，墙上悬挂着15块金光闪闪的奖牌，是各级党组织和政府授予他们的称号，包括综合管理先进单位、先进基层党组织、先进单位……这其中自然包括移民搬迁工作的成就。墙面正中央，有习近平总书记的一段话：

> 中国共产党人的初心和使命，就是为中国人民谋幸福，为中华民族谋复兴。

不忘初心，为人民服务，是中国共产党人百年来的追求，这一追求

↑ 黄溪村村民在家门口话家常

正在修水这个老少边穷的山区得到认真实践！

修水是典型的山区县，它位于幕阜山与九岭山脉之间。幕阜山的主峰叫黄龙山，山顶有黄龙寺。传说明末农民起义军领袖李自成占领北京后，又被清军击溃，败逃并丧生于此地附近的九宫山。九宫山位于湖北一侧，与修水仅一山之隔。李自成死后，其继子李过在黄龙山黄龙寺出家，在寺里写了《大义迷觉录》一书，反省追随李自成起兵造反的经历。

修水山多，素有"八山半水一分田，半分道路和庄园"的说法。正是因为山高水冷，地处偏僻，又处于三省交界处，是兵家必争之地，太平天国、辛亥革命、北伐战争、抗日战争均在此发生过激烈的战斗。北伐战争之后，国民党反动派背叛革命，先后在南京、武汉发动反革命政变，这里又与共产党发起的武装斗争密切联系起来。具体而言，体现在"三个第一"：

中国工农革命军第一面军旗在这里设计、制作并率先升起；

中国工农革命军第一军第一师在这里组建；

毛泽东同志领导的秋收起义第一枪在这里打响。

秋收起义修水纪念馆被授名为全国爱国主义教育基地，2004年被评为"江西省十大红色景点"之一。

修水一方面风景绝胜，保存了古朴的上古风俗，另一方面，经济总量却一直徘徊不前，属国家级贫困县。

修水是江西省地域面积最大的县，在脱贫攻坚战中，全县推行"12345"产业扶贫工作机制，即"选准一个主导产业（蚕桑、茶叶）；破解两大制约瓶颈（用地、资金）；创新三种带动方式（支部带领、能人带头、主体带动）；提升四大服务（技术服务、村集体经济、农业保险、消费扶贫）；实现五个增收路径（经营性、工资性、生产性、政策性、资产性增收）"，产业发展取得明显成效。5年来，共投入资金6.26亿元，组织实施"一领办三参与"基地520个，扶持村集体经济项目150个，新增桑茶等产业基地15万余亩，累计发放贷款4.64亿元，有1.3万余户5.5万余人受益产业发展增收脱贫，实现了"村村有扶贫产业、户户有增收门路"目标。这个县通过搬迁扶贫，成为全国先进典型，自是题中应有之义。

↑ 修水县太阳升镇，地摊集市助力精准脱贫

风卷红旗过大关

↑ 乐安县金竹畲族乡

以上标题，取自毛泽东写于1930年的词：《减字木兰花·广昌路上》。这首词的全文如下：

　　漫天皆白，雪里行军情更迫。头上高山，风卷红旗过大关。
　　此行何去？赣江风雪迷漫处。命令昨颁，十万工农下吉安。

　　这首词写于1930年2月，其创作背景是：1930年1月，毛泽东和朱德一起指挥红四军打破闽、粤、赣三省敌军对闽西革命根据地的第二次"围剿"，并连克宁都、乐安、永丰等县。同时，1月19日，毛泽东率领红四军第二纵队抵达江西广昌县的塘坊，次日部队急行军到达广昌县城。途中，在白水寨（今赤水镇）龙井上击溃反动靖卫团，并俘获国民党广昌县政府部分人员和靖卫团官兵。21日，毛泽东在县城召开的群众大会上，就进军吉安争取江西全省胜利作了鼓舞人心的演讲。2月初，毛泽东等3人组成红四军前委代表团到赣西特委驻地吉安陂头。2月6日至9日，红四军、红五军、红六军及赣西特委在吉安县陂头召开联席会议，会议作出了攻打吉安城的决定及部署。据专家考证，这首词当作于广昌境内行军途中，红军战士虽顶风冒雪，但精神抖擞，勇往直前，毛泽东"在马背上哼成"了该词。

　　这是一首气势雄浑豪迈的词，充满革命现实主义和革命浪漫主义的

圆 梦

情怀！有人评价它和毛泽东的其他诗词作品一样，具有气势磅礴、想象浪漫、文辞华美三个鲜明的艺术特色。大雪、高山、大风、大关等一系列形象，展现了红军行军路途中历经的艰险，然而，"红旗"这个意象猝然出现，给整首词增添了一个闪耀着光芒的亮点：这次红军冒着纷飞的大雪紧迫行军并聚集陂头的行动被国民党侦知，立即引起蒋介石的恐慌。不言而喻，红军的目的在于攻取赣中地区国民党统治的最大城市之一——吉安。蒋介石急忙调集重兵赶来救援，红军审时度势，不做无谓的牺牲，及时终止行动，而转向其他的军事目标。但毛泽东对此次军事行动印象颇深，因此写下了这首意境广阔、壮怀激烈的作品。

　　谈起广昌，它的建县历史已有880多年了。该县原属南丰县管辖，南宋绍兴八年（公元1138年）从南丰县析出三个乡而单独立县。它的北面与南丰县接壤，东面与福建的建宁、宁化相邻，南面和石城为邻，西面与宁都连接。石城、宁都都属于赣州市管辖，因此广昌犹如嵌入赣州区域的一块榫头。历史上，广昌曾数度划入赣州地区管辖。直到1983

↑ 广昌：红色雕塑群

年，才再度从赣州地区划入抚州地区。

早年红军在赣南、闽西一带建立红色根据地，广昌即纳入根据地范围。广昌处于红色苏区的北部边缘，号称进出苏区的"北大门"。1934年，蒋介石调集约100万兵力，向苏区发动了第五次大"围剿"。在前四次"围剿"失败的教训下，蒋介石这次听从了德国军事顾问的建议，采取堡垒战术，步步为营，稳扎稳打，自北向南，一路压下来，企图从广昌突进，直捣中华苏维埃共和国临时中央政府所在地瑞金，毕其功于一役，将新生的苏维埃政权和红军一举歼灭！

而红军这边，"左"倾教条主义错误在党的领导机关占统治地位，使得红军采取错误方针，排斥毛泽东在井冈山时期就采用的"敌进我退，敌驻我扰，敌疲我打，敌退我追"十六字诀的游击战术，坚持打阵地战、堡垒战，计划在广昌这个苏区的北大门，"御敌于国门之外"。于是，从1934年4月10日至27日，红军第一军团、第三军团和第五军团第十三师等部与敌人展开了一场大规模的殊死博弈。广昌之战，面对两倍之敌，红军遭受重大伤亡，为了保存实力，红军不得已放弃了广昌。1934年7、8月间，第五次反"围剿"后期，红军与国民党军队进行了大寨脑战斗、高虎脑战斗、万年亭战斗。据相关资料记载：

> 高虎脑海拔406米，面积4平方公里，因山形酷似昂首蹲坐的猛虎而得名。1934年7、8月间，彭德怀、杨尚昆指挥红军第三军团，凭借高虎脑有利地形，阻击兵力6倍于我、武器精良的国民党军队进攻，打死打伤国民党军4000多人，其中团长6人，营长10多人，连、排长400多人，为中央主力红军和临时中央机关的战略转移赢得了时间。（高虎脑山上）现仍有红军所挖堑壕、掩体等工事遗迹。

这3次战斗历时1个月，红军虽然在这次战役中取得了杀敌众多的战绩，但自身也付出了重大牺牲。总结起来，在历时18天的广昌战役中，红军伤亡5500余人，约占参战总人数的五分之一；其中红三军团伤亡2705人，约占军团总人数的四分之一，这是红军战史上著名的阵地战、消耗战，给人的教训不可谓不深！

广昌战役红军失利，苏区的北大门自此敞开，国民党军队长驱直入，直捣100多公里外的瑞金，中共中央和中央红军不得不开始了两万五千里艰苦卓绝的长征！

广昌是全红苏区县，也就是说整个县域都是红色根据地，都在苏维埃政府和红军的掌控下。而广昌又处于武夷山余脉西侧，因此也是山区县，赣江五大支流之一抚河的源头盱江由这里发源。山区县的一个主要特色是风景优美，但山高水冷、交通闭塞，难与外界通人烟。因此，广昌一直是一个传统的农业县和老区贫困县，广昌种植白莲的历史已经跨越了1300多年，广昌还赢得了"中国白莲之乡"的美誉，但受到产业单一、交通不便、致富门路不广等客观条件的限制，农民追求小康的愿望一直无法落在实处。

当脱贫攻坚、决战小康的号角吹响以后，广昌县因势利导、乘势而上，通过打好组合拳，用足绣花功，一步一个脚印，持之以恒、坚持不懈做好扶贫工作，2018年完成脱贫摘帽，2021年，广昌县扶贫办获得中共中央、国务院授予的"全国脱贫攻坚先进集体"的荣誉称号。

广昌县是中央统战部对口支援县，在各级统战部门的大力支持下，广昌的扶贫功夫下得扎实，在实践中创造了许多"独门绝技"，如率先出台脱贫质量预警监测工作实施方案，以此来筑牢稳定脱贫成果的防火墙——这一做法获省委书记刘奇批示，并在全省推广。又有用"辛苦指数"来换取老百姓的"幸福指数"，在"广昌路上"展开扶贫攻坚"急行

04 风卷红旗过大关

→ 广昌县驿前蔬菜种植基地

军"（这里直接采用了毛泽东词的标题和意境），加强基层党建引领脱贫攻坚，精准扶贫筑就小康路，推广村民道德"红黑榜"等一系列做法，成为媒体争相报道的"香饽饽"。而《发展传统产业促进贫困户增收——江西省广昌县白莲种植扶贫模式案例》荣获"全球减贫案例有奖征集活动"最佳减贫案例，并收录进南南合作减贫知识分享网站。

广昌县扶贫脱贫最大的特点是产业扶贫，他们专门为此制定了政策。我们看到一份广昌县2016年—2020年产业扶贫政策的表格，其中有项目名称、补助标准和年度等3项内容。

"项目名称"第一项是"贫困户自主经营产业奖补政策"，自主经营的内容当然是因地制宜的，计有蔬菜种植、烤烟种植、白莲种植、中药材种植、西瓜种植、茶树菇种植、肉（母）牛养殖、羊养殖、鸡鸭养殖、鹅养殖、肉兔

圆 梦

↑ 大棚蔬菜产业扶贫基地

养殖、鱼养殖、水稻种植等13项，每一项都规定了经营数量和补助标准以及延续年限，这等于是安民告示，让百姓做到心中有数；同时也体现了一种对自我的约束：政府的扶贫政策，一切都摆在明处，有利于群众监督！

产业扶贫政策还包括对农作物保险的内容，如水稻保险、白莲保险，另外，还有耕地地力保护补贴、产业合作社（基地）入股分红保险等，贫困户深深感到政府的真诚、扶贫干部的热心。

既然白莲种植列入了广昌县扶贫工作的补贴项目，广昌又是全国唯一的被国务院命名的"中国白莲之乡"，我们不妨就从白莲扶贫这个项目的扶贫工作说起。

广昌白莲，其种植历史久远，上古越族人有断发文身的习俗，人人身上都画有莲瓣花纹。有文字的记载系从唐朝仪凤年间（676—679）开始。后来，宋代广昌县令谢觉之酷爱莲花，专门建造了一处"莲香堂"。每逢农历六月二十四日莲花生日，谢觉之便盛邀地方的文人墨客，坐在依山傍水的亭台里，吟诗作赋，以享乐山乐水之欢愉。文人们赋的诗有些是很有情调的，比如有一首诗中出现一对联诗，不仅为当时文人所喜爱，后来在民间更广为流传。其诗联曰：

千朵莲花三尺水，
一弯明月半亭风。

对仗工整，词意明白，雅俗兼备，故能口口相传，长盛不衰。

因谢觉之建造的"莲香堂"的"香"与家乡的"乡"同音，因此民间便把广昌称为"莲乡"。

明朝的《建昌府志》（广昌一度属建昌府）和清同治年间《广昌县志》都曾记载过广昌白莲的种植情况。宋代熙宁年间，著名理学家周敦颐在南康军任知军（知军，宋代官名，全称"权知军州事"，即以朝臣身份任知州，并掌管当地军队）时，曾写下一篇千古名文《爱莲说》（广昌人则说这篇文章是周敦颐在广昌任上写的）。其文如下：

水陆草木之花，可爱者甚蕃。晋陶渊明独爱菊。自李唐来，世人甚爱牡丹。予独爱莲之出淤泥而不染，濯清涟而不妖，中通外直，不蔓不枝，香远益清，亭亭净植，可远观而不可亵玩焉。

予谓菊，花之隐逸者也；牡丹，花之富贵者也；莲，花之君子者也。噫！菊之爱，陶后鲜有闻。莲之爱，同予者何人？牡丹之爱，宜乎众矣。

周敦颐的这篇文章，为历代君子文人所爱重，其高雅的人文内涵，给人以丰富的精神启示。"莲，花之君子者也"，这是周敦颐给莲花的定性，但莲不仅仅是花色好看，它的全身都是宝。

古代的《本草纲目》中记载莲子"交心肾，厚肠胃，固精气，强筋骨，补虚损，利耳目，除寒湿，止脾泻泄久痢，赤白浊，女人带下崩中诸血病"。《神农本草经》记载："莲主补中、养神、益气力。"中医认为通芯白莲有强胃健脾、润肺养心、滋阴补血、固精益肾的功能。莲的植株的各个部分，如藕、藕节、藕粉、莲梗、莲叶蒂、莲叶、莲花、莲须、莲房、莲衣、莲心等，也皆可入药，或制成滋补或疗效食品，因此白莲历来为贡品。

现代农业科技研究认为，广昌白莲品质突出，具有色白、粒大、味甘清香、营养丰富、药用价值高、炖煮易烂、汤清肉绵等特点，高蛋白、低脂肪，氨基酸含量丰富，含有多种维生素，钙、磷、铁等多种微量元素，同时还富含黄酮类、蛋白质等，有抗氧化、延缓衰老、增强免疫力功能等作用。毫无疑问，当得起"莲中珍品"的美誉。

不过，广昌白莲在其发展过程中，曾遇到过数次"危机"，一是"以粮为纲"导致粮莲争地，二是种莲技术逐步失传，三是白莲种子的退化。为了解决这些矛盾和问题，广昌县采取了几项措施"对症下药"。一是推广莲田套种晚稻技术，有效解决了莲粮争地的矛盾。二是开展新品种选育和秋播繁育试验，尤其是"太空莲"的繁育成功，大大提高了莲子的产量，保障了莲子的稳产高产。所

谓"太空莲",是广昌县白莲科研所将当地常规生产的白莲种子通过搭载人造卫星等,在空间高能重粒子、真空及微重力的综合作用下,引起种子遗传基因的突变,后经地面种植、精心培育而获得的。广昌白莲经历了3次航天搭载后,终于脱胎换骨,升格为"太空莲"。"太空莲"系列品种具有生育期长、花多、蓬大、粒大、结实率高、产量高、品质好等特点。"太空莲"系列品种在全县推广,受到了广大莲农的极大欢迎。三是成立了中国第一家白莲科学研究所,并通过白莲产业发展局和白莲协

↑ 广昌莲花科技博览园俯视图

圆 梦

会，综合协调白莲科研、生产、技术推广、营销以及加工利用等，整体促进"莲乡"的白莲产业全面发展。政府部门和扶贫工作组广泛宣传种莲的好处，切实引导和帮助农户加入种莲的行列，很快，广昌县农户的脱贫意识和种莲意愿大大强化，全县种莲的区域从驿前等少数平原地区的乡镇发展到全县11个乡镇129个村委会，现在的广昌，几乎家家户户都种起了白莲。并且，广昌种莲还有一大变化：原先受品种和技术限制，只能在好田里种白莲，现在则发展到，无论是山垄里还其他地方的薄田，只要有水源的地方都能种白莲，白莲的产量和外销量在快速暴增，其增长幅度为数倍、数十倍，农民的收入自然也很快跨越了贫困线，迈上了小康路！

目前，广昌白莲的优良品种有：大型观赏莲花品种——舒广袖、大型观赏莲花品种——风雪弥漫、大型观赏莲花品种——嫦娥醉舞、优良观赏花莲品种——风卷红旗。

↓ 广昌县驿前莲农喜采致富莲

而"太空莲"的品种则有：太空莲36号、太空莲1号、太空莲2号、太空莲3号、太空莲4号、太空莲5号、籽莲观赏兼用型品种——星空牡丹、大型观赏花莲品种——太空娇容。

在广昌县白莲科研所的院子里，可以看见各式的莲花争奇斗艳，有纤巧的粉霞、婀娜的小舞妃、杯形的龙飞、重瓣的仙女散花、娇艳的白雪公主……色彩缤纷，让人目不暇接！

多品种的白莲，适应农户种植需求，不过，政府扶持是贫困户起步的关键因素。广昌县既然施行了白莲保险政策，便要求全体扎根基层的工作人员认真摸清底数，包括种植莲花的田亩、需要培训的人员、资金的缺口等。在实行白莲保险的项目中，他们出台的政策是：财政全部兜底保费，凡在白莲生长期内发生自然灾害及病虫害造成的损失都可获得赔偿，而且保费会根据不同生长期进行调整。例如，2018年，县里确定的白莲保费是42元/亩，2019年则调整到48元/亩，这样的帮扶措施给白莲种植户解除了后顾之忧，可以放心放手去开拓创新创业、脱贫致富之路。

经过脱贫攻坚，广昌白莲的种植户、个体加工户和销售老板"异军突起"，成为发展的主力军。全县通过白莲产业带动2300余户贫困户户均年增收2.6万余元，全县农村人均可支配收入的1/3来自莲产业。投入3.8亿元建成的江西省供销（广昌）农商大市场，主要作为白莲、食用菌集散交易中心。广昌本地有300余名白莲经纪人，这些经纪人在全国各地以及新加坡、马来西亚、日本、加拿大、美国等国家布局销售网点，年销售收入高达数十亿元，也为广昌县政府实现脱贫攻坚的战略任务作出了出色贡献。

关于广昌白莲，这里有两个故事，可供读者一哂。两个故事一古一新，各自演绎了广昌白莲的"今古奇观"！

圆 梦

第一个故事讲美丽的并蒂莲是如何产生的：

话说从前，在广昌县白水寨的岭脚下村（今赤水大禾村），住着一家姓何的父子，靠种地和砍柴为生。一天夜晚，何翁和儿子何伢仔，打着松明火把，来到田里叉鱼，忽然看见满田碧荷红花，发出阵阵异香。二人正诧异间，只见一位绿裙素服的少女从一朵盛开的莲花里飘然而出，并向父子俩点头致意。少女说："我来自很远的瑶池村，历尽艰辛前来投奔亲戚，谁知亲戚已不在世，恳请你们收留！"何翁虽然对这位姑娘无限同情，但自己家贫如洗，只好婉言拒绝。姑娘接着说："我不贪图富贵

↓"中国莲花第一村"——姚西村

荣华，只求有个安身之地，粗茶淡饭就行。只要大伯不嫌弃，我愿拜您为义父。"何翁深受感动，将她收为义女，取名莲英，与何伢仔姐弟相称。莲英姑娘向天空一拜，天空出现一片五彩祥云；向田野一拜，田野长满绿荷红花；向何翁一拜，何翁立时变得鹤发童颜；向何伢仔一拜，何伢仔显得更加眉清目秀，就像一位美貌的少年郎。从此，莲花姑娘就伴何翁父子种莲度日，日子过得平安和谐。

转眼冬去春来已三载，莲英越发长得楚楚动人。何翁征得莲英与何伢仔同意，准备给他俩置办婚事。谁知当地有一个大财主，早就对莲英

圆 梦

垂涎三尺，派来家丁强行"接人"纳妾。莲英同何伢仔从后门夺路而逃。眼看家丁就要追上，何伢仔与莲英手挽手纵身一跃，跳进池塘。片刻，池内升起一道祥云。莲英同何伢仔端坐其上，登天去了。不久，池塘里长出了并蒂莲，结出了清香洁白的莲子。后来，有虔诚的佛家弟子在荷塘池畔建起了定心寺，并在寺门首写了一副楹联：定水无波新月现，心触法界慧日明。

这个故事寄寓了民间对爱情和幸福生活的向往，也融入了古代神话和道家、佛家的观念，比如说那位莲花姑娘自谓家在遥远的瑶池村——瑶池乃西王母（疑为后世道家所称的王母娘娘）居住的地方。战国前期著名人物列御寇，著有《列子》一书。列子是介于老子和庄子两大宗师之间的道家代表人物，其《列子·周穆王》记载：周穆王曾驾驭八匹骏马拉动的车，日行三万里，奔赴瑶池与西王母相会，这里的"瑶池"无疑是借用了神话传说的用语，足见在佛教传入中国之前，道教文化和观念对民间百姓影响之深。而定心寺的建造并出现在上面那个故事里，无疑是佛教文化传入中国后，渗透并介入当地文化，与当地文化交流融合的产物。

第二个故事讲述的是半个世纪前（1973年），时任美国总统的尼克松访华，曾在杭州品尝冰糖莲子的情节：

当尼克松看到一粒粒的通心莲滚圆饱满，糖水清澈见底，没有任何杂物，烂而不碎，看上去俨然是一颗颗肥硕的珍珠浸在清水之中，赞不绝口道："这哪是食品，简直是艺术品！"翻译告诉他这是经过加工的通心莲，熟透而形不变，切忌搅拌，一动就烂成糊状。尼克松见碗中的冰糖莲子热气腾腾，不免有点迷惑不解，翻译又告诉他：这个"冰"不是真正的冰，而是中国人把白糖加工后，其色、形似冰块，故名。这种莲子要趁热吃。尼克松用生硬的汉语笑答："妙，妙品！"入口一嚼，果然软烂如绵，喉底回甘，荡气回肠，余味无穷。尼克松与冰糖莲子的故事收集在美国出版的《改变世界的一周》的纪念册《总统中国之行·杭州》一节中，网络上自有节录。

以上两个故事，对于宣传广昌白莲来说，的确是绝佳的文案，广昌在近些年实行的脱贫攻坚，通过白莲产业扶贫，也有不少感动人心的故事，限于篇幅，这里暂且不提。目前，广昌县莲子种植规模保持在11.3万亩左右，邻县的石城、赣东的莲花等县都意识到莲子是一项极好的扶贫项目，也在大力发展莲子种植，但广昌县乡村振兴局一位年轻的副局长董伙明自信地表示：作为获得国家授牌的中国通芯白莲之乡，其他县的白莲种植规模和品质要想达到广昌这样的程度，恐怕还得努力才行！

白莲是广昌县脱贫攻坚的主打产品之一，广昌扶贫致富还有另外两项"法宝"：一是栽种食用菌，特别是茶树菇；一是跑运输。广昌县参与长途运输的人口有6万，占总人口的近1/3。运输专业户见效快，管理上也不用各级政府和扶贫工作组费太多心思，这里不多介绍。我们来描述一下广昌产业扶贫的另外一个特色品牌，就是茶树菇扶贫！

据介绍，茶树菇原为江西广昌境内高山密林地区茶树蔸部生长的一种野生蕈菌。是集高蛋白、低脂肪、低糖分、保健食疗于一身的纯天然无公害保健食用菌。经过优化改良的茶树菇，盖嫩柄脆、味醇清香、口感极佳，可烹制成各种美味佳肴，其营养价值超过香菇等其他食用菌，属高档食用菌类。

茶树菇含有人体所需的多种氨基酸，其菇柄脆嫩爽口、味道清香。还有丰富的B族维生素和多种矿物质元素，如铁、钾、锌、硒等元素含量都高于其他菌类，中医认为该菇具有补肾、利尿、治腰酸痛、渗湿、健脾、止泻等功效，是高血压、心血管和肥胖症患者的理想食品。

茶树菇就是茶薪菇，薪者，柴也。以前，这种食用菌由于其生长环

圆 梦

↑ 广昌县群众喜摘茶树菇

境所限,产量极少,采摘不易。野生茶树菇极为罕见,更是极少为人所知。所以,它甚至未被列入人类食用菌的目录。

改变这一现象的,是一位普普通通的农民:江西省抚州市广昌县赤水镇天咀村村民谢远泰。

1977年,20岁的谢远泰高中毕业,他看见村民长年过着面朝黄土背朝天的穷困生活,心中升起一股强烈的责任感,他想通过自己的努力,去帮助村民脱贫解困。那个时候,广昌白莲还只在平原地区种植,对于居住在深山老林里的农民,只能靠几块冷浆田度日,贫困甚至深度贫困长期以来困扰着农民,而这也是当地干部极想解决却又确实难以解决的问题。在山区里,往往盛产各种各样的菌类,有早已被人类"驯化"的菌类,如那些被称为"香菇"的品种。香菇的种类中有花菇、冬菇、香蕈等,其药用价值和食用价值也早已为人类所发现。民间对香菇的营养价值有这样一句评价：四条腿的不如两条腿的，两条腿的不如一条腿的。四条腿指的是畜类（如猪、马、牛、羊），两条腿指的是禽类（鸡、鸭、鹅、鸽之类），一条腿指的即是菌类！

不过，谢远泰居住的地方，他最常观察到的一种菌类却是茶树菇。

根据自己的生活体验和老辈们的口口相传，再加上查找资料，谢远泰知道菌类对于人体具有很高的营养价值，而茶树菇在各种菌类当中可称得上是菌之王！假如能驯化这种人类未曾开发的菌类，大力发展茶树菇产业，必能帮助村民脱离贫困，解决温饱，迈上致富之路。

茶树菇的驯化或者说是人工培植，从来没有人从事过这方面的探索和实验，谢远泰却有一股初生牛犊不畏虎的劲头，他说服家人，把家里辛辛苦苦饲养的一头即将出栏的生猪卖了120元钱，然后揣着钱去了福建。他在福建三明市真菌研究所学习多种香菇培育技术，掌握了包括木耳在内的30多种真菌的栽种培育技术，他有了信心：掌握这些技术，对于回去后研发茶树菇的栽培，有着不可缺少的重要意义。返家后，他果真开始了茶树菇的培育实验。那时候，谢远泰家中人口多，场地小，他只好将猪栏打扫干净，并在里面撒上石灰杀菌消毒，用作茶树菇的培育场地。经过反复多次实验，尝尽千辛万苦，谢远泰终于将茶树菇产品培植出来。

当这一成果正式通过江西省科学技术委员会鉴定，并获得国家发明专利时，立即引起轰动。谢远泰被业内业外称为"神菇王"——因为，他发明的这种茶树菇，填补了菌类种植史上的空白！茶树菇金黄、脆嫩、口味醇香的特点，使它成为高档宴会和民间酒席上，人们最喜爱的食材之一。

谢远泰曾对采访他的记者讲述，获得成功之后，他第一时间想到的

圆 梦

↑ 谢远泰

是，要尽快带领村民致富。于是他创办了广昌县食用菌开发集团公司，采取"公司＋农户"的生产经营模式，与村民签订"三包"合同，即包技术培训，包原料（即菌种）供应，包产品回收和销售，让村民吃下"定心丸"。

村里通往外地的路长年失修，坑坑洼洼，车辆通行不便，谢远泰毫不犹豫，掏出自己积累的16万元修了一条长4公里的路。路通了，对外交流便利了，全村农民乃至全县农民都到他这里学技术、买菌种、签合同，他的食用菌开发集团公司一跃而成为全省的茶树菇龙头企业，种植规模过亿筒（茶树菇的计量以筒为单位），年产值过亿。广昌全县参与茶树菇种植的农民有1万余人，这对于人口仅25万的小县来说，的确是一个不小的数目。

正在茶树菇的产业蒸蒸日上的时候，谢远泰不幸遭受两次磨难，一次是他在进行业务培训的时候，突发风湿性心脏病，按照医生的要求，他必须立即去医院动手术,可他心系未结束培训的900名学员,坚持到培训结束,大家可以种出茶树菇了,他才去医院动了手术。

第二次是他大脑出血,紧急送往医院后,几天几夜昏迷不醒。大家都为他的性命担心,但大约是老天眷顾,最终他还是醒了过来。

两次出乎意料的病痛,让他的体质明显变差,口齿不再像往常那样清晰流畅,心里的想法也不能尽情表达,显然再搞培训已不适宜。不过他没有退缩,而是用心制作了一整套有关茶树菇接种、栽培、管理、烘烤等标准化的技术流程,无偿发放给村民,他自己则"隐身"在试验基地和实验室里,进行各类食用菌的开发研究。经过努力,他将茶树菇菌种由固体接种发展为液体接种,将木屑栽培技术升级为莲子壳、莲蓬壳栽培。他还研究成羊肚菌、毛笋菇、虎奶菇、鹿茸菇等菌类的种植开发技术,获得了多项国家发明专利。

↑ 华润集团原董事长傅育宁实地考察"一户一车间"菌菇产业帮扶项目

两年前,广昌县的茶树菇种植规模就达到 2.35 亿筒,产量 7475 吨,总产值超 6 亿元,吸纳从业人员 1.5 万人,其中贫困户 627 户,贫困户均年增收 16650 元。现在,广昌的茶树菇产业不仅走出本县,还走出江西,辐射到湖南、福建、广西、河南、河北、贵州等省区,带动了上百万贫困农民"摘帽"致富。

谢远泰虽然是茶树菇的发明人,但他并没有凭此项发明成为富翁,这里有 3 件让人敬佩的事情。一是谢远泰积极维护国家权益,不以个人发明创新谋取利益。日本曾有一名客商闻知谢远泰的发明,特意找到他,表示愿意出 100 万美元购买他的专利。这对于当时的谢远泰来说,是一笔救急的款子,但谢远泰毫不犹豫地拒绝了。他的说法是,这项发明我准备无偿献给国家和乡里乡亲,日本人买了去,成为他们的"专利",将来又以高价卖给我们的国家,这样折腾,有害而无益。我不会为了一己私利去做这种不义的事情!

还有一件事令县里百姓记忆犹新。广昌县水南圩乡张杨村凉山栋村小组廖诗详的家庭因房屋倒塌和儿子患病,生活返贫,陷入困境,谢远泰听说此事,向其捐助 1 万筒菌种,并登门传授培育技术。

第三件事是 2020 年 2 月 10 日,在家中仅有不到 2 万元存款的情况下,他从家里拿出整整 10000 元现金,为抗击新冠肺炎疫情捐款。两次身患重病,谢远泰家开支剧增,陷入困境。但他不仅拒绝政府给予的低保补助,还尽力做些公益事业,令乡亲们敬佩!

毫不利己、勇于奉献的精神总会感动世人。这些年,谢远泰先后获得了江西省优秀种养能手、江西省劳动模范、全国杰出青年星火带头人、全国脱贫攻坚奖创新奖等多项荣誉。但是,谢远泰对自己的要求从未松懈,2020 年,县总工会成立了劳模创新工作室,谢远泰负责主持工作,工作室的任务,他在办公室墙壁上挂有明确的公示牌:

主要从事对食用菌母菌的研发、菌种繁育、菌种栽培、菇菌生产等工作，具备科技领先、专业技术资源丰富、严谨的专业团队，完善健全的研发基地，长期与国内外行业前沿的科研机构、福建农林大学生命科学学院、福建农林大学（古田）菌业研究院和福建省农科院等单位建立了战略性合作伙伴关系，还在中国工程院（食用菌专业）院士的团队支持与指导下，依托食用菌研究所，拥有自主研发多品种的有机珍稀菌母菌的能力，为发展有机珍稀食用菌现代化生产提供有力保障。

除了发明和普及茶树菇的培育，引导群众走上脱贫路，谢远泰还登高望远，更上一层楼，竭尽心力做出了其他方面的成绩，包括：茶树菇有机工厂化高产配方、鹿茸菇工厂化有机配方、绿头菇人工代料栽培、食用菌无农残生物灭虫中药等。这几项研究经几年的小试生产都已出产品并应用于生产，即将广泛推广，为农民们彻底摆脱贫困、过上现代化的幸福生活再立新功！

↑ 广昌县盱江镇彭田村施行食用菌产业"一户一车间"，图为工人在车间内采摘

↑ 广昌县利财食用菌有限公司农户正在采摘成熟的灵芝

  2021年7月9日，广昌县举办了一场盛大的莲花旅游文化节，其主要内容是：赏世界最大莲池，游明清莲花古镇，观非遗民俗表演，品莲乡特色美食，来自全国各地的游客乃至国际友人纷纷前来，广昌本地的民众，特别是过去的贫困人口也踊跃参与其中。贫困户们已经走出了贫困，过去长期压抑在心头的沉闷与自卑一扫而光，在广场上、彩灯下，他们和大家一起欢歌起舞，庆祝脱贫攻坚取得了伟大胜利！

  广昌，作为苏区的全红县、北大门，洒满了英勇的红军战士的鲜血；在脱贫攻坚的时代，不忘初心、牢记使命，以她的刚毅和智慧，成为先锋和楷模。在江西抚州地区，与广昌有着相同境遇的县还有资溪、乐安等。资溪与乐安这两个县，都曾在革命战争年代为中国人民的解放事业做出了贡献，由于经济发展缓慢，它们同样属于老区贫困县。

先看资溪。

资溪，处于江西省东部，与福建省光泽县接壤，是江西进入福建的重要通道。这个县人口比广昌更少，只有11.4万，在江西县一级的人口数量，很遗憾地处于倒数位置。而资溪的人口结构与其他地方也有着不同特点，这里1/3是本地人，1/3是浙江移民，1/3是来自全国其他地方的人，这样的人口结构，也使资溪本身具有一种民俗、文化多元交流的优势。

资溪的红色历史，当地资料上自有记载。1927年，中国共产党就在资溪建立了党支部；1933年，资溪成立了中心县委和苏维埃政府，资溪中心县委和苏维埃政府归中央苏区管辖。革命战争年代，周恩来、彭德怀、聂荣臻、毛泽民、邵式平等老一辈革命家曾在这里留下过战斗的足迹！

地理位置上，资溪县处于武夷山西麓，山地面积占全县国土总面积的83.1%，丘陵面积占全县国土总面积的6.5%，合起来为89.6%。资溪的森林覆盖率高达87.7%，有面积近21万亩的马头山国家级自然保护区和近5.1万亩的清凉山国家森林公园，它的绿色资源在江西省乃至全国都名列前茅。但是，由于是山区，虽然有鹰厦铁路和316公路贯通县境，但总体上交通是困难的。资溪民间有一句谚语：山多石头多，出门就爬坡。在高速公路修通之前，从省城南昌开车抵达资溪，200多公里路程，至少需耗费五六个小时。至于从县城下到各个乡镇的路，基本都是简易的砂土路，路面窄的地方会车都很难。长期以来，形格势禁，虽然有人口多元化的优势，但发展思路却受到很大约束，产业单一、观念封闭，造成经济滞后、发展缓慢，多数百姓尤其是山区百姓陷于穷困之中，长期不得摆脱。

在全面打响脱贫攻坚战的事业中，资溪县开动脑筋，从各个方面、

↑ 资溪马头山原始森林

各个角度找路子,挖潜力,夯实力,一步一个脚印,终于取得了脱贫攻坚的显著成果。

资溪地处山区,他们按照中央和省委、市委的要求,不搞好大喜功的形象工程,而是实事求是、因地制宜,着重在农业、旅游业和具有独特性的面包行业方面闯新路、开新篇,助力全县百姓实现脱贫致富。

第一产业方面,他们全面打响农业产业化升级战,在更新耕作技术、提升科技含量的基础上,推动传统农产品稳步增长,还大力促进特色种植的发展。白茶、石斛等新兴产品给资溪县的农业带来影响,带来声誉,而农民从中取得前所未有的经济收益,脸上露出罕见的笑意!在此基础上,全县发展出观光农业,这种观光型农业取得了独树一帜的效果。资溪白茶获得了"江西十大名茶"的荣誉,目前，全县白茶种植面积达3.2万亩，有机农产品种植面积超过5万亩，还有赣陶菊、白眉红、大觉禅茶等有机农产品在多个博览会上荣获金奖。另外，一批有机农产品获得省、市著名商标，并顺利进入市场。

资溪县生态环境好，生态环境综合评价指数列中部地区第一，获得了国家级生态示范区、国家重点生态功能区、首批国家生态文明建设示范县、首批国家生态综合补偿试点县、全国森林旅游示范县、首批国家全域旅游示范区、江西旅游强县等众多荣誉。除了大觉山、大觉寺、大觉者，资溪还有百越文化遗存分布在乡野间。青山绿水，美景亮眼，为了维护好这一块净土，当地政府和百姓都有共同的认识，就是这里不适合发展带有污

↑ 大觉溪

染性质的工业，哪怕工业产值高、利润大，但带来的负面影响会贻害子孙后代，因此急功近利的项目他们坚决不做。资溪上下一致形成的观念：从第三产业入手，找出一条脱贫致富的路子。这方面，资溪探索出了两个方向：一是发展旅游业态，二是强化面包销售。

旅游开发离不开风景，资溪的风景资源首推大觉山。大觉山的得名颇有来历，唐贞观年间，杭州灵隐寺大觉禅师云游到此地弘法，大觉山始获此名。而佛教文化与当地故有的儒教、道教文化相碰撞，使这里成为儒释道相互竞争又相互融合的"风水宝地"。大觉山景区集儒释道遗迹于一体，景区核心区面积达1.8万亩，景区内有一座海拔1118米的莲花山，山中有一个天然石洞，洞深12米，宽60米，高6米，里面坐落着一座已有千余年历史的大觉寺。大觉寺曾经香火繁盛，后来朝代更迭、世事纷乱，一度衰败了。尤其是近代以来，大觉山长期处于"养在深闺

↑ 大觉山古镇

人未识"的窘境中。资溪县委、县政府意识到，招商引资、合作开发，是发掘旅游资源、解决脱贫问题的重要抓手。因此，为做大做强大觉山景区和拓展贫困户增收渠道，资溪县采取资产收益扶贫模式，投入1000万元产业扶贫资金用于景区开发建设，每年全县贫困户获利100万元。持之以恒，不间断发展，迄今，大觉山景区已成为国家5A级景区！莲花山上莲花洞内那座大觉寺，原本烧香拜佛者络绎不绝，后来冷落萧条，人迹稀疏，在重新开发后，又逐渐恢复了生机，大凡到此旅游者，都会来大觉寺里体验一下深山里的佛门气息。

大觉山上的景点还有聪明泉、将军石、吕洞宾读书洞、逍遥峰等，数十个景点散布于石洞周遭，足以让人流连驻足。此外，资溪县境内著名的法水温泉、九龙湖景区、清凉山国家森林公园也盛名在外，每年吸引大量游人。

资溪的法水温泉，有一大与世不同的特点，值得介绍：

地质勘测资料表明，法水温泉日流水量在1200吨以上，水温43.5℃，水清透明、无味，属优质碳酸型温泉。这里温泉与天下诸多温泉不同，从古至今一冷一热，两孔泉眼同出于一巨石下，其温泉炙热烫手，冷泉冰凉彻骨，这一特殊的地质现象让人好奇。

这样一种迥异于世的温泉，曾让人发出由衷赞叹：

谁点红炉一粒丹，

阴崖水沸气漫漫。

今从玉液池中渡，

鱼在桃花浪里蟠（疑为"翻"字）。

这首诗是明代诗人冯日望赞美法水温泉的歌吟，可见他对法水温泉的欣赏和赞美。

　　大觉山整体属于花岗岩地貌，高崖峡谷，落差很大，一条大觉溪，起伏跌宕，水流湍急，最是漂流的好去处。青山环抱间，这里有一条长达3.6公里的探险漂流地段，水流高下落差达188米，沿途可尽览苍莽葱郁的如画景色。每到假日和周末，来自资溪县城、抚州、南昌等邻近的市县，直至远方的福建、浙江、上海……都有游客前来体验漂流。众多观光和漂流的游客给地方财政带来旅游收入，也给当地群众创造了众多就业机会。村民们都积极参与到接待游客的活动中，如在景区做导游、设点摆摊销售土特产、开民宿或小型饭馆……但凡在能增加收入的业态，都能看到他们忙碌辛勤的身影。而同时，县、乡、村干部们也深入到旅游点周边的村庄，动员村民们加入旅游事业中去。干部们对于群众的动员，不再是空头支票，有政策支持，有现实榜样，取得了群众的信赖，为资溪县的大旅游事业起到了很好的推动作用。

　　讲到法水温泉，当地也有一个神话故事，说是天上有一位神仙云游于此，看到一苦行僧为普度众生，遍走天下，来到资溪地界时，却因饥渴无力，昏倒在大觉山顶一块石头上。僧人的赤诚感动了仙人，他将身边的金童玉女点化成两道山泉，山泉一冷一热，从同一个隐秘的洞穴中流出。冷泉用于解渴，热泉用来洗浴身体，于是乎，僧人得到救助，魂魄返回人间。从民俗学的角度去阐释，这个故事似乎在表明，道家的仙人比佛家的僧人有着更高更纯粹的法力，因此这里的泉水便有了一独特的名字：法水温泉——这个故事似乎透露出道家和佛家在民间百姓心目中相斗相缠、相爱相杀的寓意。"法水温泉"也就取代了民间百姓为它所取的"鸳鸯泉"之名。

　　大觉山景区是按照国家5A级景区标准打造的，景区内有浩瀚如海的30万亩原始森林，其间有近40种国家一级、二级保护动植物，高山湖泊、森林云海、崎岖小径、蜿蜒溪流、飞悬瀑布，处处夺人眼目。大觉溪漂流和野狼谷等都是其吸睛之处。大觉山丰富的人文景观，也让人叹为观止。在大觉寺旁，有一座自然与人工相结合打造的大觉者，系利用整座山体构成。大觉者总高1338米，其头部高度即达108米，人们尊它为"元始天尊""大地之子"。大觉者坐落在大觉寺东面，远远望去，气势恢宏、庄严，显示了大觉山旅游最精彩、最经典的一面！

为了让更多的山区百姓受益于旅游开发，资溪通过在往来游客住宿的宾馆、酒店里，开设农产品电商店，为各个乡镇的农民尤其是贫困户搭建产品销售对接平台，霞阳蜂蜜、霞阳豆腐、高阜竹荪、法水罗非鱼等产品通过这样的平台取得了很好的销售收益，大受山区群众欢迎。

资溪县还有一个独树一帜、与众不同的产业项目——"资溪面包"。这里之所以用引号将资溪面包引起来，是因为，资溪面包已经形成一个驰名品牌，资溪县被全国工商联烘焙业公会授予"中国面包之乡"的荣誉称号。

这里首先报告一个数字，根据统计，到目前为止，全国各地包括国外，售卖资溪面包的门店总数已达1万多家，可谓发展迅速、规模惊人！有道是"孩有名，店有牌"，经过十几二十年的发展，资溪面包已经发展出"开口乐""麦香园""麦香村""京都""亚细亚""斯味特"等10多个有影响的品牌，在全国1000多座城市以及俄罗斯、越南、缅甸、新加坡等国培育了一大批相关连锁店。资溪正在着力打造"中国面包城"，要在既有成绩上更上一个台阶。

要追溯资溪面包的发展历程，资溪人总结出了他们所经历的三个阶段。第一个阶段是初始阶段，那时，资溪小伙张协旺和洪涛两个人从部队退伍回乡，他们见过世面，有了憧憬，不甘心回村里过那种面朝黄土背朝天的苦日子，两人合伙借了一笔钱，到邻近的鹰潭市开起一家名为

圆 梦

↑ 资溪面包城产业园

"鹭岛"的面包店。"鹭岛"这个名字很雅致，很温馨，很招年轻人的喜欢。最主要的是，两位年轻人手艺精湛，服务质量好，他们制作的面包深受顾客欢迎。开店的当年，他们就盈利3万多元，这在当年，绝对是一笔大钱。初战成功，他们两家的亲友、邻居、本村村民都竞相跟着外出做面包，自然而然形成了一个"面包军团"。紧接着，资溪确立了"生态立县"的战略目标。保护森林，人与自然和谐相处，成为资溪人民的共识，资溪走上了绿色循环的发展道路，这给资溪面包的品牌树立和发展创造了一个良好的机遇。

全国第一个县级面包行业协会在资溪成立，资溪的面包产业很快形成了"一户带一姓、一姓带一村、一村带一

04 风卷红旗过大关

镇、一镇带一县"的格局。资溪在面包行业协会内设立了党委，又在全国各地设立了几十个行业分会和党支部，以党建推进事业发展。协会的发展思路是明确的，他们提出了"三大转变、四个基地、五个统一"的目标，引导面包产业由"小作坊"向"大生产"转变，由"小食品"向"大产业"转变，由"小家庭"向"大集团"转变。"四个基地"即建设资溪面包的科研基地、生产基地、培训基地、供应基地；"五个统一"即统一品牌、统一技术、统一培训、统一模式、统一管理。在县委、县政府支持下，一系列优惠和鼓励政策落地，推动资溪面包产业进入第二个发展阶段。

资溪面包产业发展的第三阶段，就是打造"资溪模式"。这一阶段的主要标志，就是实现"三化"：创业全

↓ 资溪面包城产业园俯瞰图

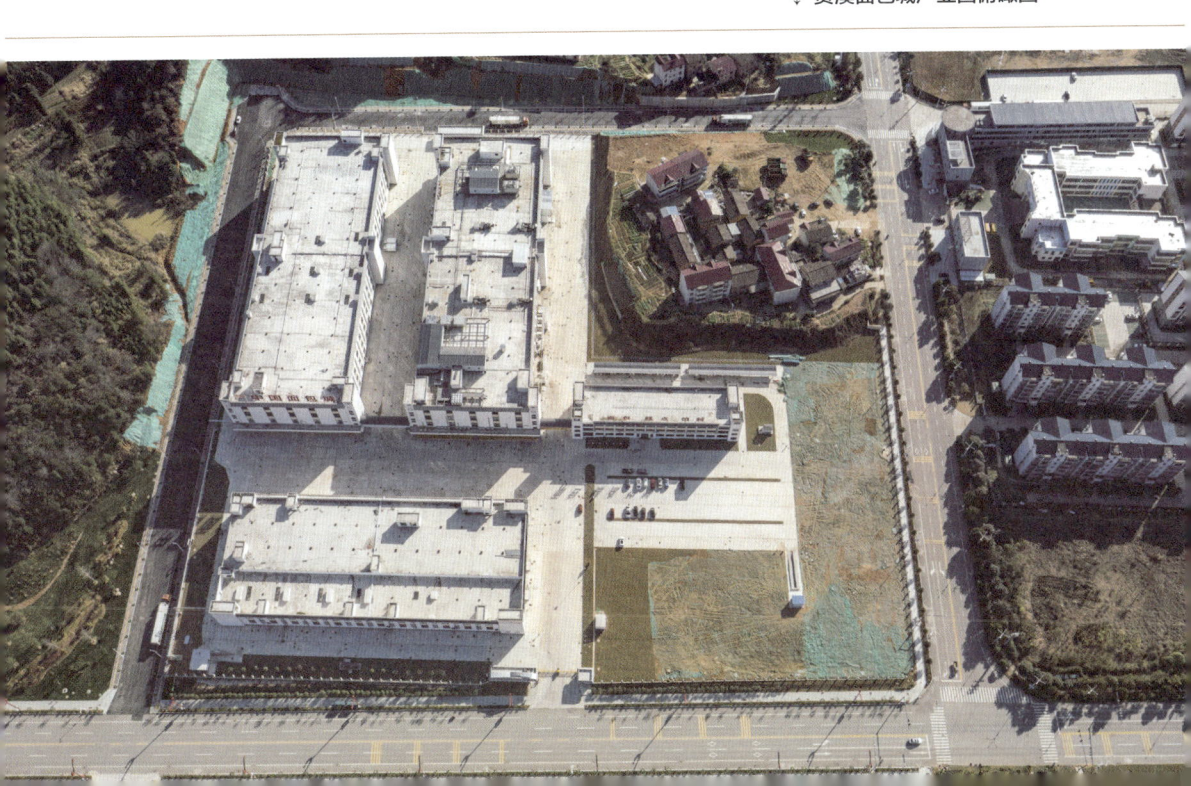

圆 梦

民化、经营专业化、布局网状化。在这个阶段，资溪全县每3.5个人中就有1个在外地经营面包生意，农村里92%（甚至更多）的家庭有成员在从事与面包有关的产业。大量的农村剩余劳动力、贫困人口、下岗工人、待业青年都跻身面包行业，推动资溪形成"一县一品"的产业格局。经营专业化，离不开制作技术的培训。资溪有一位知名的人物叫徐全龙，他很早就进入面包行业，赚取了第一桶金，随后看准形势，果断转型，开办了一所面包培训学校。不过，他开办这所学校，主要目的不在赚钱，而在助推县里的面包产业。对于贫困户，他免费给予培训，还专门建立贫困户学习台账，跟踪他们的培训效果。对于其他前来学习面包制作技术的人也只收取不高的学习费用。这些年，在他的培训学校里结业的学员已多达数千人，这些人有了一技之长，自然可以在市场大潮中振翅高飞。时任江西省委书记孟建柱曾听说了徐全龙的培训学校，在视察抚州的改革发展进程时，特意到徐全龙创办的培训学校里参观，与资溪县领导和徐全龙本人共同商议发展面包产业的大计。

↑ 资溪面包城产业园外景

04 风卷红旗过大关

徐全龙的培训学校有两个一般人想不到的特点，一是为了在激烈的市场竞争中不致落后，资溪人不断推出新的面包产品，新产品包括口感和造型等。每当新品种出来，以前曾入校接受培训的学员可以免费来学习。二是过去没有学到位的学员要重新补课，他也不收学费。县里的民政部门负有关怀退伍军人、残疾人、特困户生计的职责，他们动员、调集了全县许多这类人员来培训，取得了很好效果。总之，徐全龙的培训学校为资溪面包产业的繁盛兴旺做出了重要贡献。在推进资溪面包产业经营专业化的过程中，他喊出了一句响亮的口号：花最少的时间和最少的钱，学到最实用的技术！这句口号，已经深入人心，成为培训学校最鼓舞人心的广告。而布局网状化，如前面所言，它的主要内容就是在全国1000多个大中小城市布网设点，统一店面标志和装饰风格，保证品牌战略的真正落实。

资溪的面包产业引起媒体的大量关注，中央电视台还专门为其做了专题节目。辽宁省丹东市有一位正营职的退伍军官从央视节目中看到了

↑ 资溪面包城产业园外景

资溪面包产业蓬勃发展的消息，动了心思，他专门乘飞机来到资溪，与徐全龙面对面接触、攀谈，载着满满的收获回到丹东。回去后，卷起袖子说干就干，立马注册开办了桃李食品有限公司。作为军人，他的顽强毅力和敢闯精神发挥了巨大作用，很快，桃李食品有限公司的发展就取得跨越式成功。2015年，桃李食品有限公司正式上市。

资溪面包产业的健康发展，除了当地干部群众和贫困农民自身以穷则思变的精神发奋图强外，领导的重视和支持确实是一个重要因素。江西省委历任领导都亲临资溪考察这里的面包产业，协调资金和市场，鼓励大家落实"百姓创家业，能人创企业，干部创事业"的要求，不负时代，不辱使命。

这里必须提到来这里挂点扶贫的南昌航空大学（以下简称"南航"）。南航在资溪挂点扶贫已逾5年，大学挂点的村为这个县最偏远的地方：石峡乡茶园山村。茶园山村处于森林保护区边缘，野生动物很多，村民们上山打柴，时常可见野猪、猴子、野兔、麂子的踪影，村支部书记邱细洪一次夜间上户访贫，竟被剧毒的棋盘蛇给咬伤，好在采用了当地的土药方，及时医治好伤口，没有留下后遗症。南航后勤处副处长蒋磊率领驻村工作组来到村里，按照组织安排，担任村里的第一书记，与村支书邱细洪相互尊重、密切配合、共同努力，大大改变了村里面貌。5年间，在南航的全力支持下，茶源山村先后获得1000余万元资金，修建了4座新桥，百分之百完成改水改厕，通往县城的公路也铺设了柏油马路……蒋磊记得，过去从县城到茶园山村，路上只有颠簸不平的灰土路，没有几个小时到不了村里。由于道路崎岖，从县城到村，还不得不绕道邻县才行。现在，交通情况有了彻底改变，一条新建的柏油马路将在2021年下半年完成最后一段的铺设工作，今后，茶园山村通往资溪县城乃至外面的世界再无阻碍了。5年当中，历届校领导都亲自到点上视察，对村里的扶贫工作给予关怀和指导，尤其是他们特意在大学校区内给村里无偿拨出店面，供村民销售面包。校内的店面租金，一年少不了得十万八万的，但茶园山村无偿使用南航校园内的面包店，村民每年可增收数十万元，学生们也有了餐点多样化的选择。南航还专门把教职工和茶园山村村民组织起来，建了一个微信群，村民有了农家产品，或是教职工有了购物需要，诸如农家蔬菜、土鸡土鸭土猪肉，都可以通过微信平台发布通告和求购信息，微信群起到了互相交流、互通有无的作用。南航有2400多名教职员工，校方给每位员工发放面包购买券，对茶园山村，对资溪县的面包产业也是一份支持。为支持茶园山村货物走出大山，南航无偿赠送给该村一台运输车，这对于茶园山村的脱贫和振兴，无疑是一大利好。

而今，5年扶贫攻坚期满，蒋磊也圆满完成扶贫任务，回到南航，并被提拔为基建处处长，2021年7月15日，南航的工作组进驻资溪县鹤城镇排上村。新的同志已进驻村里，接手蒋磊他们的工作，决心为资溪的乡村振兴事业再建新功！

乐安县，与广昌、资溪一样，也是老区贫困县。现今人口36万多，超过广昌、资溪人口数量的总和。它于宋绍兴年间从崇仁县析出，崇仁县乐安乡直接更名为乐安县。乐安县地形以山地、丘陵为主，尤其是其南部多山，最高峰十八排海拔1370米。由于它紧邻赣州的于都、吉安的永丰这两个老区全红县，因此乐安同样成为中央苏区的一部分。在《江西革命烈士英名录》中，乐安籍烈士有2260名之多，在新中国成立初期，被授予中将和少将军衔的乐安籍将军各1人、大校军衔的有2人。

乐安同时也是一个传统的农业县。传统农业，就是小农经济，农民面朝黄土背朝天，汗水落地摔八瓣，一年到头，千辛万苦，年成好的时候能温饱，年成不好时闹饥荒，这是千百年以来的景况，谁也无法改变。时间到了现代，偏偏有一个人，怀着现代神农梦，要打破古老传统，创

圆 梦

↑ 乐安县牛田镇，丰收大地

造水稻种植神话，从创新的水稻种植中，寻找农村、农民的脱贫之路——这位有梦想、有追求的人，名字叫凌继河。

凌继河是安义县人、种粮大户、江西省绿能农业发展有限公司董事长，还是2018年全国农业劳动模范、"全国十佳农民"年度资助项目人选。

凌继河出生于一个普通农民家庭，从小生活在困顿之中，"农民真苦，农村真穷，农业真危险"，说出了他内心真实的感受。党中央提出了解决"三农"问题的号召，15岁就外出打工、学艺、开店当老板的凌继河，浑身憋足了劲，要为农业发展步入现代化、商品化做出贡献。2010年，凌继河果断成立了江西省绿能农业发展有限公司，这个公司的主要职能是：通过土地流转、农田集中耕作、水稻种植技术的研发、优质粮食精深加工等，形成规模产业化的现代农业企业。公司全面实施订单农业、规模化种植、机械化操作、系列化生产，在实践中取得了粮食生产跨越发展的巨大成效。公司采用"公司+基地+专业合作社+农户"的产业链形态，带动6700余户农户就业，年产值以亿万计。而它打出"绿能"旗号，宣告了自身的产品是"绿能大米""环保产品"。健康、绿色、天然、放心、美味，是绿色大米迥异于其他品种大米的优胜之处，也是一项高科技农业产业化项目，它实现了为农业增产、为农民增收、为社会增效的三大目的，充分发挥了水稻生产方面龙头企业的带头作用！

"商道即人道，产品即人品"，这是凌继河的企业经营之道。他秉持的思路是：启动一个产业，做强一个品牌，致富一方百姓。从效果看，他的目的实现了。凌继河光荣地成为党的十九大代表、"全国十佳农民"、全国农业劳动模范。

绿能农业发展有限公司在取得上述佳绩的同时，抓住脱贫攻坚的有利战机，顺势而为，实行战略扩张，乐安是其重点扩张的县之一。2017年，他委派自己的长子凌志远为绿能乐安公司的总经理，采用一贯行之有效的方法，在乐安县的3个乡镇，流转了13000多亩土地，又在其他七八个乡镇托管了35000亩土地，共投资1.2亿元，发放土地租金350万元，还吸纳100多户贫困群众，将政府给予的扶贫款作为股金投入到公司里去。2018年，这些扶贫款产生分红20万元，土地托管农户增收300多万元，集体经济增收60多万元。绿能公司的土地耕作包括统一供应种子、化肥、农药和技术，以及提供收割、谷子运转和烘干等服务，彻底打破了传统的耕作方式，改变了农业生产面貌。起初，公溪镇荷陂村村民罗新根抱着试试看的心理，从绿能公司承包了110亩土地，在绿能公司"一条龙服务"的支持下，一年下来，他的种粮收入达到98000元。尝到了参加绿能公司种粮的甜头，第二年，他加大了承包力度，种植面积增加到200亩。他自信满满地表示："我一个人完全有能力把200亩田

圆　梦

← 绿能公司向"种植状元"发年终奖金

种好！"

乐安绿能在乐安县摸索出"四金"扶农、"田保姆"助农和"订单"帮农三种模式，提升了当地现代农业生产的水平和效果。所谓"四金"，就是务工有薪金、流转有租金、超产有奖金、入股有股金。公司与务工人员（以当地农户尤其是贫困户家庭为主）签订协议，把他们当做"职业农民"，每月定期发工资，每个务工人员每年工资收入在40000元以上，高的可达60000元。而流转有租金，是在当地乡政府和村委会的协调下，乐安绿能以每亩500元的经费租用农户土地。由于是整体打包出租，农户们很是支持这样的行为，他们说，这种打包出租土地的方式比零星出租价格高出1倍。以前零星出租土地，价格遭到打压，最低的被压到120元/年，农户却无可奈何。至于"超产有奖金"，则是公司预先制定产量标准，如果超产，每公斤奖励0.3元，不设上限。头一年，乐安绿能付出的超产奖金即达102万元，可见绿能公司言出必行，这一条对于激励员工丰产超产产生了极大的作用。乐安绿能对农业生产进行集约化管理和经营，由于统一购买农资、农技、农机等，平均每亩可减少开支 100 元左右，降低了土地承包耕作的成本。而稻谷成熟后，公司按照高于市场 10% 的价格进行收购，承包农户的后顾之忧也被打消。

这里强调一句的是，绿能公司在乐安县搞集约化土地经营，把水稻品质放在第一位，公司提供的稻种都是优质品种，亩产一般可达千斤。假如早稻收获后，不再在田里种植晚稻，稻田不翻耕、不去茬，从稻茬中会长出再生稻来。再生稻亩产也有 300 斤左右，这样，水稻亩产可实现 1300 斤的目标。假如要栽种晚稻，则晚稻亩产 900 余斤，早、晚稻合起来计算，亩产就达到了双千斤，这样的农业生产模式，自然既让乐安县当地的农民大开眼界，也触动了他们的心情，也让农民尤其是贫困农民对绿能公司有了深切的感情。

抚州市农业局在全市范围内大力推广乐安县的做法，安排了数十个村前往乐安学习绿能经验，探索抚州农业发展的路径。而乐安县则在全县范围内的 176 个村成立了土地流转合作社，同时创办了一个现代农民

↓ 种养殖技术培训实地教学现场

圆 梦

培训学校，专门培养"80后""90后"的年轻人，帮助他们从观念上和业务能力上成为新型职业农民。有人评价说，绿能公司这样的举措，自然会让农民这个一向遭"歧视"的职业，成为有面子、有前途的事业。

乐安县的脱贫攻坚采用的是"双管齐下"的方法，一方面借助绿能农业发展有限公司的力量，改变农业尤其是水稻生产模式，实现土地集约化、农业产业化、耕作现代化，帮助农民增产增收、脱贫致富。另一方面创造了"防返贫保险机制"，这项"扶贫+保险"的机制，为稳固脱贫成果，预防刚脱贫的农户"返贫"系上了"安全带"，撑起了"保护伞"。

乐安县建档立卡的贫困人口中，因病、因残、因灾致贫的比重较高，统计数据达到40%以上。这部分人底子薄，抗风险能力差，即使在党和政府以及扶贫工作组的帮助下走出了贫困的阴影，但在一定时期内仍存

↑ 乐安县增田镇，村里办起了加工厂，村民不用外出打工了

在不稳定的隐患。如患病医治，虽然已有报销政策，但报销比例偏低，无法报销的费用同样不小，还有附带的支出，如外出医治的交通费、护理费、食宿费、后期检查费以及误工费等，无不给病患者带来较重的经济压力。还有农作物受灾、孩子求学的开支等，也是导致脱贫户返贫的不可忽视的因素。2016年，乐安县在调查摸底的基础上，完善扶贫机制，补短板，创新路，在全国首创了贫困对象脱贫后返贫责任保险（以下简称"返贫责任险"），保险的具体内容是：县政府全额出资，为全县已脱贫对象购买脱贫后返贫责任商业保险，这项保险出台，对预防已脱贫家庭重新返贫起到了有效保护作用。返贫责任险的操作机制是：成立由分管副县长为组长、各相关部门负责人为成员的领导小组和工作小组，制定相关制度，确定实施方案，健全工作流程，完善预警机制，通过调查核实，及时审批发放。全部流程走完后，由县承保公司按照标准将保险理赔金发放到申请对象的"一卡通"上。

返贫责任险的创立，在实践中取得了很好的效果。下面介绍乐安县有关部门提供的几个案例。

牛田镇南羊村一位叫尹江兰的妇女，已过天命之年，家中却始终没有摆脱贫困，其中原因有三：一是53岁的丈夫患有双重残疾（肢体三级残疾和眼残）；二是家庭负担重，丈夫残疾，自己体弱，无法承担过重的生产劳动，虽有女儿进县城打工，但收益不高，儿子仍在读高中，对于她这个贫困家庭来说，花费不小；三是尹江兰前几年遭遇了一次严重交通事故，虽然法院判决肇事者负主要责任，但尹江兰却因大脑重伤，治疗费用前后高达75万元。肇事者入监狱服刑，却未赔偿分文。尹江兰为治疗花光了家里仅有的不多的积蓄，还向亲友借了一大笔债。原本作为一家之主的尹江兰不得不坐在轮椅上度日，依靠残疾的丈夫来照料护理。而医院的治疗费，因属意外事故，医保部门无法报销，全家人陷入巨大

圆 梦

↑ 保险公司上户核实防贫人员家庭状况

的忧愁中，几乎对生活失去了信心。了解到尹家的这种困境，当地政府、帮扶干部想方设法，共同努力，通过司法救助、社会捐款、慈善救助等途径替尹家解决了25万元费用。县人保公司经过调查核实，于2019年7月，将62710.42元赔偿款送到尹江兰手中，让她一家重新点燃了生活的希望之光！如今的尹江兰一家，夫妻俩都享受低保政策，丈夫被安排在公益性岗位工作，有了一份工资，"两不愁、三保障"的问题得到全面解决，在2020年实现了真正脱贫。

第二个案例发生在山砀镇流坊村戴家组。戴家组村民戴友平一家5口人，妻子与大女儿一道在外打工，小女儿读初中，儿子读小学。5口之家，3人有收入，虽然打工和种田收入不会太高，但无衣食之忧，2016年他们家没被列入贫困户家庭。不幸的是，2017年5月，戴友平骑摩托车摔了一跤，导致右下肢骨裂，在南昌大学一附院进行了3次手术，共花费了5.6万元，加上交通、食宿、护理等间接费用2万元和后续康复检查费每月6000元。再加上康复治疗持续了4个月，他和妻子都"蜗居"

在家无法工作，已经陷入返贫的危机。很快，戴友平的情况引起各方面重视，2018年，他向保险公司提出理赔申请，保险公司按政策进行调查核实，再经村委会公示、县扶贫办审核，戴友平获得了20000元保险理赔款。以后，干部们真情帮扶，戴友平个人也不屈不挠、发奋努力，顺利渡过难关。如今戴友平一家，夫妻俩"加盟"凌继河的绿能股份有限公司，在家种植了16亩优质水稻、15亩中药材紫苏，年收入五六万元毫无问题。大女儿去福建打工，每月可挣工资4500元，一家年收入10万元，完全实现了脱贫解困的目标。

第三个案例尤有特色，说的是龚坊镇南边村龚泽熙的故事。龚泽熙家庭本非贫困户，全家3口人，父亲龚磊德、母亲和自己。但遗憾的是，龚泽熙出生后不久，因病导致双耳患感音神经性耳聋。孩子是父母的心头肉，龚磊德夫妻带孩子于2019年4月去上海复旦大学附属眼耳鼻喉科医院进行治疗，做了人工耳蜗植入手术，前后共花去治疗费30.6万元。按照规定，这一大笔钱大部予以报销，但仍有7.5万元需自己承担。而为了治疗孩子的疾病，全家还花去了交通费、治疗费、食宿费、护理费等间接费用3万元。耳蜗植入还需要进行为期1年的康复治疗，这一项开支每月也需2500元。县保险公司知悉情况后，立即派出专人核查，确认其属于保险范围。经过核算，保险公司向龚家理赔3.5万元，缓解一时之难，防止了返贫风险。而龚泽熙在医院的精心治疗和父母的悉心照料下，听力逐步恢复，正在告别无声世界。

最后一个案例，发生在湖溪乡社背村村背组。这个组有位叫邹高平的村民，一家4口人：夫妻、一女（读初二）一子（读初一）。本来生活水平是不落人后，过得去的。但意外的是，2019年6月，邹高平被诊断出患有急性胰腺炎，乐安县医院医治条件有限，于是先后被送往抚州、南昌进行治疗，其间医疗、交通、食宿、护理开支花去40万元，医保报销了 25 万元。亏空的 15 万元他自己出了，这下把家底全部掏空。而他作为家中的主要劳动力，无法参加劳动，生活都不能自理，妻子只好辞去工作在家照顾丈夫。为了孩子能继续读书，他们家又四处挪借，负债 4 万元。一场大病压垮一个家庭，邹家正是典型。

得知邹高平的病情后，县人保公司帮其办理理赔 4.1 万元，助其家渡过难关，邹高平积极配合医护人员的治疗，病情终于稳定，并趋于康复。他的生活能够自理了，妻子也能够放心外出打工了。邹高平向干部们表达自己的感激之情，说政府在为自己报销医疗费用，又通过保险理赔为自己救急解难，这种雪中送炭的行为，"我会永远记住，我也对未来充满信心"！

乐安县创新的这种精准防贫保险或者说返贫责任险起到了良好的托底防护功能，得到主流媒体的高度关注，人民网、新华网、《江西日报》、江西电视台等中央和省级媒体都相继进行了报道。2017 年在贵州省召开的全国人保系统政府救助保险工作会上，乐安县荣登中国保险行业协会"保险扶贫产品先锋榜"，并做了典型发言。其后，山西、山东等一些省市区，先后有保险单位来乐安县学习考察保险扶贫的经验做法。从 2016 年到 2018 年底，乐安县有 119 户脱贫户获得返贫责任险理赔资金 85.1 万元，2019 年至 2020 年底，保险公司已向 227 户返贫户或存在返贫风险的农户理赔补偿 304.38 万元，乐安县的群众都称赞这种返贫责任险效果好、功能强，是帮助遇到困难的人们纾解困境、渡过难关的最佳帮手。2021 年 2 月，在全国脱贫攻坚总结表彰大会上，中国人民财产保险股份有限公司乐安支公司获得了"全国脱贫攻坚先进集体"殊荣。

［注：以上内容取自乐安县扶贫办（现乐安县乡村振兴局）提供的材料。］

05

松竹梅兰
佳山水

↑ 横峰县朝堂村马家柚丰收，近年来，弋阳、横峰广泛建设马家柚种植基地，通过土地流转、劳动务工、入股分红，带动贫困户脱贫致富

中国许多有名的崇山大岭，长江巨河，以及大小湖泊，岂不象征着我们母亲丰满坚实的肌肤上之健美的肉纹和肉窝？中国土地的生产力是无限的；地底蕴藏着未开发的宝藏也是无限的；废置而未曾利用起来的天然力，更是无限的，这又岂不象征着我们的母亲，保有着无穷的乳汁，无穷的力量，以养育她四万万的孩儿？我想世界上再没有比她养得更多的孩子的母亲吧。

——方志敏《可爱的中国》

　　2019年，由中央电视台首播的由吴子牛导演的电视连续剧《可爱的中国》，以革命烈士方志敏为创作原型，讲述了他投身革命、为中国人民解放事业无私奉献的一生，获得了众多好评。

　　方志敏，江西省弋阳县人，1899年出生在弋阳县漆工镇湖塘村。他8岁入私塾，12岁辍学在家务农，17岁进入县立高等小学读书。当时，新文化运动正在兴起，并波及江西，方志敏在校内受到了新文化运动的影响，思想境界和人生追求跨越同学少年，有了拯民于水火、搏击天下的志向。1919年，方志敏考入江西省立甲种工业学校应用机械科学习，为该校学生自治会负责人。1921年春，方志敏因领导该校学生反对腐败教育，要求教育改革而被校方开除。不久，他加入江西改造社，为《新

↑ 方志敏故居

江西》季刊的主要撰稿人。1922年，方志敏在上海加入中国社会主义青年团，并找到了党组织和中共领导机关，结识了陈独秀、瞿秋白、恽代英、向警予等著名中共领导人。同年8月，根据组织决定，方志敏离开上海，返回南昌筹办文化书社，创建江西地方团组织并设立活动据点。他在从事革命斗争过程中，还不忘文学创作，他的白话小说《谋事》与鲁迅、郁达夫、叶圣陶等著名作家的作品一起入选上海小说研究所编印的《小说年鉴》。

方志敏在革命实践中，历任区委书记、县委书记、特委书记、省委常委、军区司令员、红十军政委、闽浙赣省苏维埃政府主席、中华苏维埃共和国中央主席团委员等。

1927年，方志敏领导江西农民运动进入全盛时期，1927年11月至1928年2月，方志敏、邵式平、黄道等领导了江西横峰、弋阳农民起义，创建了赣东北革命根据地，随后扩大为闽浙赣革命根据地。闽浙赣革命根据地是第二次国内革命战争时期，全国著名的六大革命根据地之

05 松竹梅兰佳山水

一。中共闽浙赣省委机关，设立在横峰县葛源镇枫林村，这里山峦叠翠、红叶掩映，红军大学第五分校就建在毗邻的葛源村。闽浙赣革命根据地的周边游击区涉及52个县，其范围东临浙江、福建，西接鄱阳湖，北靠长江，南达闽江。四围之间，有武夷山、鄣公山、黄山、怀玉山、仙霞岭等山峦绵延横亘，山势险峻，关卡重重，构成了武装割据的天然屏障。在这样的地理环境下，有利于武装割据和斗争。方志敏在闽浙赣根据地一边进行武装斗争，一边努力发展红区经济，创造了许多独特的经济形式。比如发行股票、成立赣东北特区贫民银行、实行开放的边贸政策、普遍建立消费合作社……这些经济形式，有些成为今日脱贫攻坚中有益的借鉴。

方志敏领导的根据地建设，得到了充分的肯定。毛泽东在《星星之火，可以燎原》中写道："而朱德毛泽东式、方志敏式之有根据地的，有计划地建设政权的，深入土地革命的，扩大人民武装的路线是经由乡赤卫队、区赤卫大队、县赤卫总队、地方红军直至正规红军这一套办法的，政权发展是波浪式地向前扩大的，等等的政策，无疑义地是正确的。"

1934年，红七军团改编为北上抗日先遣队，开赴闽浙赣边区活动，同方志敏领导的红十军会合后组成红十军团，并成立以方志敏为主席的军政委员会，按照中央的命令，向皖南进军。北上抗日先遣队的出征，引起国民党的极度恐

↑ **方志敏故居**

圆 梦

慌，蒋介石急忙调动大军进行围剿，终于，北上抗日先遣队作战失利，被敌人重兵所围。1935年1月29日，方志敏不幸被俘入狱，在狱中他坚贞不屈，写下了13万多字的狱中遗稿，其中包括《可爱的中国》《清贫》《狱中纪实》等著名篇章。1935年8月6日，方志敏在南昌下沙窝英勇牺牲，时年36岁。

2009年9月，方志敏被中央宣传部、中央组织部等11个部门评选为"100位为新中国成立作出突出贡献的英雄模范人物"之一。

↑ 方志敏故居内景

本章节标题取自方志敏16岁时写下的对联：

心有三爱奇书骏马佳山水，

园栽四物苍松翠竹洁梅兰。

松、竹、梅、兰，是古代中国士人自勉自励的品德象征，这副对联，至今悬挂在方志敏故居堂前他的遗像旁，让前来参观者敬仰不已。方志敏以之自喻，更以身殉志，完成了一个共产党人的伟大抱负，其英名永存、千古不朽！

方志敏的精神激励着后人，弋阳县重点推进"七个一"工程：拍摄了一部以方志敏为主题的电影《信仰者》，建好了一座方志敏干部学院，打造了一个华东师范大学方志敏基础教育园区，创排了一台弋阳腔革命现代戏《方志敏》，成立了一支方志敏先锋队志愿者队伍，培塑了一批方志敏式好党员好干部，培养了一批方志敏精神宣传员。通过开展全方位、宽领域、多层次的传承弘扬方志敏精神系列活动，以方志敏精神教育人、引导人、激励人，促进了该县干群精神面貌的转变和经济社会的发展。他们努力擦亮红色文化名片，还先后创作了《清贫颂》《红军抗日先遣队》《方志敏精神》《信仰》等一批文艺精品。同时，推进方志敏文学院建设，建立红色教育基地和精品研学基地。方志敏精神宣讲团赴乡镇、村居（社区）、学校、企业、机关等地，宣讲方志敏和红军在闽浙赣根据地的革命斗争故事。方志敏文学院建立在他幼年时读书的学校旧址处，漆工镇在学校的旧址上建成一座"读书园"，既作为党史教育基地，又作为红色旅游项目。方志敏干部学院成为江西省首个以地方革命领袖名字冠名的干部学院，名噪一时，受到青睐。而方志敏文学院及其读书园，在全国红色旅游点，也是独树一帜、唯此一家的。弋阳县的同志们自信地说，文学院和读书园，都是方志敏干部学院的延伸。当地把这一系列举措当作传承红色基因、牢记初心使命，推动脱贫攻坚，实现高质量发展的前提和动力。

→ 建在方志敏幼年读书时学校旧址上的方志敏文学院

圆 梦

为了全面打赢脱贫攻坚战，弋阳县完善发展思路，破解发展难题，围绕大力实施乡村振兴、积极抓好保障和改善民生以及生态环境保护等重大课题，通过不断提升产业质量，加快现代农业转型，拓展全域旅游范围，扮靓城乡风气面貌，探讨共建共享模式。在着力打造红色旅游方面，弋阳县把它当作传承传统，扩大影响，培养青少年思想觉悟，助力全县群众走上脱贫致富之路的有效途径。如今，弋阳县贯彻上饶市委市政府的统一部署，配合"东柚西蟹南红北绿中菜"的战略布局，基本完成了农业产业经营模式的转移。所谓"东柚"，指的是上饶东部区域普遍种植多汁回甘可口的马家柚；"西蟹"，指上饶西部地区以养蟹（虾）为经济特色；"南红"，是围绕闽浙赣根据地的红色遗址开展红色旅游、红色教育，吸引四方来客；"北绿"，是努力打造独特的高山茶品牌，促使当地的高山茶在市场上占据一席之地；"中菜"，则是建立适应市场需求的蔬菜（包括大棚蔬菜）基地，既满足居民需要，又增加农民收入，助力农民尤其是贫困户走上脱贫致富之路。弋阳县深入贯彻落实习近平总书记扶贫开发战略思想，严格按照省委"核心是精准、关键在落实、实现高质量、确保可持续"的要求，突出工作重点、注重精准发力，扎实抓好脱贫攻坚责任落实、政策落实和工作落实，始终把脱贫攻坚作为第一政治责任，坚决做到工作"四个不减"，即"工作力度不减，资金投入不减，政策支持不减，帮扶力度不减"。县里成立了以县委书记任第一组长，县委副书记、县长任组长的弋阳县扶贫开发领导小组，始终以脱贫攻坚统领发展全局，环环相扣、压茬推进，确保各项工作落地见效。全县还建立了扶贫工作整改台账，实行销号管理，整改一项，销号一项，举一反三，立行立改。为了做到压实主体责任，领导包最难村，挂最难户，解最难事，在脱贫攻坚一线发挥"向我看齐"的示范带动作用。县委书记谢柏清同志认真履行"第一责任人"的职责，跑遍了全县20个"十三五"贫困村。县里加大扶贫工作力量，充实县扶贫办队伍，增加事业编制5个；全县16个乡镇（街道）均设立了扶贫工作站，为股级全额拨款事业单位，明确由乡镇分管领导担任工作站站长；全县140个村（分场）均设立了扶贫工作室。扶贫工作要落到实处，必须强化绩效考核。弋阳县逐年提高脱贫攻坚考核分值，给全县各级干部既增加压力，也增添动力。弋阳县还有不少加强贫困对象动态调整和精准管理的办法，实现户籍、教育、健康、就业、社会保险、住房、银行、农村低保、残疾人等信息与贫困人口建档立卡信息有效对接。从2015年开始脱贫攻坚至今，全县已实现所有贫困户脱贫、贫困村退出。这里有他们逐年的具体数字：

2014年脱贫303户1202人；

2015年脱贫1178户4738人；

2016年脱贫1117户4343人；

2017年脱贫929户3424人；

2018年脱贫1302户4658人；

2019年脱贫1317户4355人；

2020年脱贫723户1428人。

弋阳县的贫困户主要在农村，脱贫攻坚中，他们根据实际情况，采取"公司+合作社+基地+贫困户""党支部+党小组+合作社+贫困户"等模式，发展大禾谷、雷竹、蔬菜、马家柚、菌菇、油茶等特色产业，注重发展村级扶贫合作社，提高贫困户参与度和获得感，增强贫困户自身"造血"功能。5年来，全县产业扶贫资金总投入达1.16665亿元，其中产业项目5996.96万元，风险补偿金1290万元，贴息资金695万元。同时，弋阳县加大金融扶贫力度，对贫困户实行免担保、免抵押贴息政策，全面开展了贫困户贷款评级授信工作，评信比例达100%，获贷贫困户1200余户，政府为贫困户贴息380.24万元。为扎实做好小额信贷工作，该县加强小额信贷政策的宣传力度，帮助贫困群众自主发展产业。全县结合乡村红色旅游和生态旅游产业，将旅游发展与精准扶贫紧密结合，为旅游扶贫注入新动力。通过旅游产业的推动，全县实现贫困户就业9730户，就业人数比例达72.8%。另外，为了阻断贫困的代际传递，弋阳县探索教育扶贫资助绿色通道，全面落实好教育资助政策，对因病因残不能上学和厌学学生实行送教上门、上门劝返、结对帮教等方式，精准落实教育资助政策。5年来，贫困户享受教育补助29266人次2057.4085万元。同时，建立了控辍保学工作责任制度、动态监测机制、书面报告制度和流失学生劝返制度等，小学入学率和巩固率均达到100%，初中入学率达到100%，巩固率较5年前提高了11个百分点，建档立卡户子女因贫辍学率为0。为防止因病返贫现象发生，弋阳县还全面落实健康扶贫各项帮扶政策，为所有贫困对象代缴基本医疗保险、大病保险、商业补充保险并实行家庭医生签约服务。5年来，贫困户看病费用实际自付比例为10%，累计为11.8万余人次贫困患者报销总费用2.6673亿元。全面筑牢基本医保、大病保险、补充保险、医疗救助"四道保障线"。全县还开通了就医绿色通道，实施"先诊疗后付费"、"一站式"结算服务。通过实行基层首诊、双向转诊机制，确保贫困患者能够得到及时、安全、规范、有效的治疗。弋阳县还组建了家庭医生团队133个，慢病签约履约率达100%；办理贫困人员门诊慢性病6139人次。为了不断提升基层卫生服务能力。弋阳县投入近千万元支持乡镇卫生院新建业务用房，5个乡镇卫生院获得国家卫健委授予的"群众满意的乡镇卫生院"称号；完成了19个省级贫困村和28所非贫困村公有产权村卫生服务室标准化建设。建立了全县公有产权村卫生室台账，由乡镇卫生院统筹调配乡医入驻村卫生室，对无法安排乡医入驻的村卫生室开展一周两次的定期巡诊服务，方便群众寻求医疗健康服务。在全面落实公共卫生方面，为所有建档立卡贫困人员建立了动态管理健康档案，并且深入开展爱国卫生运动，推进农村改水、改厕和卫生环境综合整治，为乡村群众筑起一道坚实的健康保护屏障。

弋阳县坚持把扶贫与扶志、扶智、扶德、扶勤相结合，组建下派了"听党话、感党恩、跟党走"扶贫政策宣讲队伍下乡进村入户宣讲。按照"党群干部进弱村，经济干部进穷村，政法干部进乱村，农、林、牧业等技术人才合理搭配"的原则，向121个村（分场）选派了政治素质好、工作作风实、综合能力强的年轻干部担任第一书记和工作队员，安排了每个村2万元的驻村工作队携资帮扶经费，落实了县本级驻村"第一书记"、驻村工作队员每月1200元的生活补助和每年不少于1万元的工作经费。积极组织参与了全省"百县千品消费扶贫活动"、扶贫助农直播带货、最美第一书记带货等活动，近些年来，全县认定了19家企业48个扶贫产品，设立了扶贫产品专柜3个，建成弋阳消费扶贫专馆1家，扶贫产品销售额达2200余万余元。针对脱贫攻坚中出现的问题，这个县通过督查等方式，全面理清存在的具体问题，确定整改措施、整改时限和责任人，并实行台账管理、督办落实、办结销号。全县农村住房保障率、饮水安全达标率、公路通达率、网络通达率、安全用电率均达100%，农村改厕率达95%以上。

还有，弋阳县针对"因懒致贫、因赌致贫、因婚致贫、因子女不赡养老人致贫"等进行"一对一"的法治宣传，在强化村民自我教育监督管理的基础上，建立了帮扶施策反向约束机制，大大提升了村民的精神文明建设，保证了脱贫工作不致倒退、走偏。

在农村的文化建设上，弋阳县也是招数频出。县里组织"红色轻骑兵"文化团下乡扶贫义演、开展全国摄影家协会会员脱贫攻坚摄影大赛、依托上饶三清媚女子文学社在贫困村开展方志敏读书会等，坚定群众脱贫信心，激发脱贫内生动力。

对脱贫攻坚工作中表现突出的干部，弋阳县注重优先提拔重用，使帮扶干部从被动领责向主动担责转变。近年来，该县共提拔重用扶贫干部74人，其中一般干部提任副科干部25人，副科干部提任正科级干部12人。进一步规范村级后备力量的管理和选拔，确保每个村至少储备2名村级后备力量和村级党组织书记后备人选，为村级扶贫事业的有序推进和健康发展储备可用人才。

值得提到的是，弋阳县特意打造了一条"乡村振兴带"，由花亭一路过去，直到方志敏故居。县里从长远角度出发，要让这条"乡村振兴带"既美观，又长效，能颐养身心，又能产生经济效益。他们打听到中央美术学院在江浙一带已经做过不少类似项目，理念先进、富有经验、效果极佳，于是果断出手，由领导亲自出马，聘请中央美院来做设计。如今，设计图稿已经完成，大部分内容正在实施。弋阳县的愿景是，这条"乡村振兴带"完成后，给弋阳人民带来的旅游和发展资源，将是高品位、高规格的。

方志敏的出生地漆工镇，是弋阳县除了县城以外的第一大镇，面积占了全县的1/8，人口居各乡镇之首。省扶贫办对这里格外关注，他们前来举办过两次扶贫干部培训班，让大家受教育、受启发、鼓干劲、开思路。漆工镇在产业扶贫方面硕果累累。这里举几个例子：

1. 湖塘村大坞山果园项目：项目投资140万元，建成120亩果园基地，带动湖塘村50户贫困户，所有具有劳动力且有务工意愿的贫困户均可优先前往果园务工；

2. 赖家村马家柚项目：项目投资30万元，建成4000亩马家柚基地

05 松竹梅兰佳山水

↑ 赖家村马家柚基地的公示牌

（马家柚原产于上饶市广丰区马家自然村，曾夺得江西省酸柚第一名的美誉。2010年9月，马家柚入选上海世博会参展产品，这是广丰区唯一入选为上海世博会参展的农产品。2010年12月，国家质检总局以2010年第155号公告，批准对"马家柚"实施地理标志产品保护），带动赖家村28户贫困户，所有具有劳动力且有务工意愿的贫困户均可优先前往果园务工，目前带动贫困户务工8人；

3.漆工镇步高雨伞加工厂（扶贫车间）：车间于2019年11月份正式认定，目前车间内务工人数120余人，带动贫困户务工10余人，贫困户人均增收1500余元/月。

圆 梦

当然，漆工镇的扶贫成效还有很多，这里不一一介绍。

下面我们要多描述一下湖塘村在脱贫攻坚中的举措和成效。

漆工镇下辖的方志敏出生地湖塘村，在脱贫攻坚战役中，该村村委会充分发挥党支部的核心作用，围绕打造乡村振兴样板村、红色教育标杆村，走出了一条"党建引领扶贫""要素保障扶贫""文化助力扶贫""产业护航扶贫""精神激励扶贫"的路子。湖塘村委会下辖7个自然村，456户，2056人口，其中建档立卡贫困户50户2222人。过去，湖塘村基础设施落后，产业结构单一，村民们除了在山垄里种一些水稻，没有别的收入来源，瘠薄的山地上种些花生、芝麻、红薯，也因单家独户，不能形成规模，除了勉强满足自家需求，无法参与市场竞争。这样的局面，经济收益自然不高。在县、镇和扶贫工作队的倡导下，湖塘村委会提出"红色传承，绿色振兴，脱贫之路，奋进通行"的口号，通过红色领航，党建引路，全村经济和事业发展活力倍增。这个村在全县统

←漆工镇上的扶贫车间里，村民正在加工雨伞

一布局下，按照"领导挂点、部门包村、干部进户"的方案，建立了一位县领导、一个县直单位、一名乡党政负责人、一名第一书记、一支驻村工作队共同"挂、包、联"的"5+1"工作机制，很快就把全村的脱贫工作运行起来了。

1925年，方志敏在湖塘村秘密发展了第一批共产党员，组建了赣东北第一个党支部，培养了农民运动的骨干力量，点燃起革命的星星之火。星星之火迅速蔓延到整个闽浙赣边界地区，震惊了国民党南京政府。而今，湖塘村同样是支部引领，动员党员，推行"星火燎原"的扶贫计划，全村33名党员亮出身份，走出各自家门，投身到宣讲政策、发展产业、整治环境以及微心愿认领服务中去，以热心、贴心和真心，换取群众的信赖和支持，帮助贫困户实现长期未遂的脱贫梦想。

支部引领，党员带头，产生了良好的示范效应，激起了积极的社会反响，多年来，各种社会力量也积极参与进来，从各个方面推动湖塘村脱贫攻坚事业的发展，成为一股积极有效的正能量。

这些年，从全方位看，湖塘村在基础建设方面，修建道路、水利、沟渠、村委会办公场所等，全村全面实现了以下效果：

亮化——各村小组路灯铺设无死角全覆盖；

净化——环境治理和保洁维护全面到位，有专人负责；

硬化——柏油路和水泥路面直通每家每户；

美化——全面完成危房改造，实现了上级部署的危房"清零"目标。动员各家各户种植花草树木，推动庭院清洁、沟渠清理、绿化管护，如今，我们在湖塘村委会所在地感觉到的是，全村笼罩在一片郁郁葱葱的绿荫之中；

还有文化—村民文化室、活动室、卫生室一律窗明几净，书刊、棋牌、医疗器具和药品都摆放得清爽齐整。

圆 梦

此外，修缮方志敏故居、修建方志敏广场、兴建方志敏文学院等投入300多万元；饲养奶牛投入60余万元……整个湖塘村的面貌可用焕然一新来形容。湖塘村除争取上级下达的扶贫资金外，还吸纳社会捐资数万元，这些资金，用于扶困和助学等，大大提升了贫困户的满意度。

与此同时，外出经商人员、爱心人士、志愿者队伍等纷纷以创造就业机会、消费扶贫和公益帮扶等方式，团队作战，拧成一股绳，配合上级部署，解决贫困户个体和家庭需求200多件，受到贫困户好评。

在各级党组织和政府部门以及扶贫工作队的帮助下，湖塘村快速走上了脱贫致富路，村民们不仅在发展经济上各显神通，在建设秀美乡村上也各尽其力。村委会乘势在全村展开勤俭持家户、清洁卫生户、孝老敬亲户和最美家庭户的评选，全村村民自觉将传统美德发扬光大，没有一起子女不赡养老人的事件发生。

湖塘村委会下面还有一个湖塘村民小组，这个村小组有50多户人家。当上级号召红色旅游与民宿经济结合时，小组里40多户人家（占全村农户的80%）都积极参加，每家腾出一层楼来，供游学和观光者食宿。每户年收入增加4000多元，高的可达20000元。

当然，脱贫攻坚在弋阳县、漆工镇、湖塘村虽然取得了决定性胜利，但还是有仍需在下一步乡村振兴中得到扶持和助力的村民。就拿湖塘村来说，这个村有一户叫方塘生的人家，户主体弱，略带残疾，无法外出打工，仅靠务农为生，相比村里其他人家，自然算是贫困户。不过，他们家女主人对于美好生活的追求和向往并不逊于他人。在她的坚持下，前几年家中借款20多万，建起了一栋3层楼的"别墅"，这栋房屋的设计、用料均不差，它伫立在村中，堪与其他房子比肩。我们去到方塘生家，恰逢主人不在，却见他家门口挂着两块牌子，一块是县住建局发的铜牌，标明该房屋的农村房屋安全等级为A级；另一块是村里统一制作的木牌，上面分别标注着户主姓名、联系电话以及"湖塘民宿33号"的字样，说明方塘生家已经参与了村里的民宿经营。木牌上还写有参与民宿经营的几条硬性要求：

爱国守法

敬业诚信

家园和美

庭院整洁

垃圾分类

无疑，必须达到上面5条要求，才能参与到民宿经济中去。屋主人方塘生不在家，他的妻子倒是快人快语，她告诉我们，当初建房的那些借款，已经还清一半。现在是疫情期间，游客减少，只要疫情过去，游客立马增加，余下的钱，三两年内一定能还清。

现在的湖塘村，所有的农户家庭都新建了3层别墅，徜徉其间，但见好一派屋舍俨然、田畴青翠、芳草鲜美、落英缤纷、池塘桑竹、鸡犬相闻的景象。几乎每天都有打着红旗，唱着红歌，穿着迷彩服前来瞻仰革命先辈遗容遗物的队伍——还在读书的少年儿童也一样。这些孩子们，像极了含苞待放的花蕾，他们也需在革命理想的哺育下，高擎旗帜，健康成长。

值得描述的是，湖塘村的村民还自发成立了农民剧团，用弋阳腔演绎方志敏的故事片段。剧团不时会受外面邀请，去漆工镇、方志敏干部学院和县城里演出，赢得外界群众的热烈欢迎。

方志敏在狱中曾写下《可爱的中国》，文中描绘了他对未来的美好设想：

圆 梦

> 到处都是活跃跃的创造,到处都是日新月异的进步……

如今,这一境界正在他的家乡湖塘村显现出来!

写到这里,我们不能不再一次提到方志敏读书园。读书园倚近湖塘森林公园,那里有生长了数百年的古树群,盘根错节,遒劲挺拔。欢快的松鼠在树枝上活跃跃地跳来跳去,丝毫不畏惧人类,可见村里的百姓生态保护意识的浓烈与自觉。

弋阳县历史悠久。古代给城市、集镇的地理位置命名,有一套特定的习惯,将山之南、水之北称"阳",弋阳,意为这座城市位于弋水之北。弋,《辞海》解释为系有绳子的箭,《太平

↑ 湖塘村村口的读书林

05 松竹梅兰佳山水

寰宇记》曰：

> 水口有大石，面如镌成弋字，故名。本后汉之葛阳县，隋开皇中，因失印改为弋阳。

意思是说，弋阳县本是后汉时期的葛阳县，隋朝开皇年代中期，因官府印信丢失，便依照河流的形状，葛阳县改称弋阳县。

弋阳县近代所出的著名人物首推方志敏，古代的著名人物首推谢枋得。谢枋得，字君直，号叠山，自幼有"神童"之誉，人称其"每观书五行俱下，一览终生不忘"。南宋末年的1256年，谢叠山参加科举考试，与文天祥同科入榜，成绩名列前茅。但在对策中，他指责当朝权贵的腐败罪行，被贬为二甲进士。他一生志节耿耿，不惜倾家荡产，聚集民间义军抗击入侵之敌。1289年4月，谢叠山在被关押的元朝大都悯忠寺绝食殉国。他和民族英雄文天祥并称为"二山"（文天祥号文山）。

谢叠山有一句名言："大丈夫行事，论是非，不论利害；论顺逆，不论成败；论万世，不论一生。"这句话，对于方志敏的影响显然是深刻的。方志敏在他的文章和行为中，都贯穿了乡贤前辈的坚贞理想，故而能成为一位伟大的革命战士！弋阳县人民概括方志敏精神的内涵，为"爱国、创造、清贫、奉献"，可谓踵武前贤、光大传统，确实是激励后人的铿锵誓言。

弋阳县的"乡村振兴带"，囊括了当地一些重要名胜。如被明朝旅行家徐霞客赞誉为"盖龟峰峦嶂之奇，雁荡所无"的龟峰；全长416米，最高处达68米的天然山体卧佛；迄今保存完好的古代书院叠山书院等。还有县境内重要的革命遗址，包括方志敏故居、邵式平故居、漆工镇暴动遗址、赣东北工农兵代表大会遗址、革命烈士纪念馆、三百烈士岩

圆 梦

洞……上述名胜，有些已经开发利用，有些已有基础存在，不过如散珠碎玉，未能成串。待"乡村振兴带"施工完毕，则如一根项链，将这些散珠碎玉串联起来，弋阳县的传统弘扬、旅游开发、经济提升和群众致富，将迈上一个跃升的新台阶！

弋阳县与横峰县山水相邻，两座县城相距仅有几十公里，半个小时车程即可抵达。方志敏出生地在弋阳县漆工镇，他当年闹革命的初始地也是在弋阳，例如他在家乡湖塘村建立了赣东北第一个共产党支部。但随着弋横暴动的发生，闽浙赣红色根据地的建立，武装斗争的中心迅速朝横峰转移。

横峰从人口规模上看是个小县，建县时间也不长，是明嘉靖三十九年（公元1560年）才建立的，至今全县人口才22万。但它地处闽浙皖赣四省要冲，其重镇葛源镇更是处于群山包围之中，周边山峦起伏、易守难攻，闽浙赣省委机关、省苏维埃政府、省军区、红军第五分校、红

↑ 红军第五分校

↑ 闽浙赣省委机关旧址

05　松竹梅兰佳山水

↑ 闽浙赣省苏维埃政府旧址

军广场、列宁公园都设立在葛源，其旧址依然保存完好。如今，这些红色旧址，已作为宝贵的红色资源，列为爱国主义教育基地。

　　横峰县地域虽小，但红色传统和革命精神却继承和发扬得很好，在整个上饶市乃至江西省，都有一定的知名度。别的不说，就拿近年在落实党中央有关脱贫攻坚指示的做法上，他们就"汇全县之力，聚全民之智，发扬新时期的方志敏精神，形成万众一心决战脱贫攻坚、决胜全面小康的强大声势和推进态势，真抓实干，奋勇前行，把扶贫工作始终放在心上，抓在手里，扛在肩上"。

　　2017年6月23日，对于横峰县2200多名扶贫干部和他们的家属来说，是一个有特殊意义的日子。这一天，县委书记饶清华、县长潘琍联

· 177 ·

圆 梦

名发出了一封信，信的主题是：感谢有您！

这里，我们把这封信的内容转载如下，请读者欣赏：

亲爱的扶贫干部家属：

您好！

2017年，我县将脱贫摘帽作为最大的政治任务和头号民生工程，紧紧围绕"两不愁、三保障"，汇全县之力，聚全民之智，发扬新时期的方志敏精神，形成万众一心决战脱贫攻坚，决胜全面小康的强大声势和推进态势，真抓实干，奋勇前行，把扶贫工作始终放在心上，抓在手上，扛在肩上。在省、市、县2200多名扶贫干部的共同努力下，全县脱贫攻坚实现了首战告捷，取得了良好开局。

全县广大干部职工积极响应县委、政府号召，自觉投入到脱贫攻坚"主战场"中来。放眼望去，全县乡村随处可见扶贫干部走村入户、奋战一线的忙碌身影，他们中或许有您的父亲、丈夫、儿子，或许是您的母亲、妻子、女儿……为了能够更好的完成脱贫攻坚各项工作，他们满怀激情、抛家舍业，奔赴脱贫攻坚一线，夙兴夜寐、真蹲实驻，深深扎根在农村这片广阔的沃土，在"小家"与"大家"间，他们做出了人生中最无悔的选择，虽然离家远了，但与贫困户之间的距离近了。在此，我们向所有的扶贫干部真诚道一句：你们辛苦了！

"家和万事兴"，家庭的和睦、稳定的后方是他们继续前行的无尽动力和坚实保障。由于工作繁忙，他们无法照顾家庭、老人和孩子，对您和家庭亏欠太多。作为家属，感谢您无怨无悔独揽了照顾家庭的重担，使他们能够在自己的岗位上安心工作！感谢您付出了常人难以想象的艰辛和汗水，让他们在平凡的岗位上超越自我，创造佳绩！感谢您对他们工作无条件的理解和支持，给他们注入了强大的攻坚动力！正因为有您这样默默支持奉献的扶贫干部家属，全县脱贫攻坚工作才有了精彩的昨天、奋进的今天和更为期待的明天！在此，我们向所有扶贫干部家属致以最真诚的感谢和最崇高的敬意，骄傲地说一声：军功章也有您的一半！

在扶贫攻坚奋勇前行的路上，一位乡镇干部的妻子写给丈夫一段话：我不做你的红颜，不做你的知己，不做你的爱人……我宁愿做你的贫困户。那样的话你会经常来看我，照看我是你的责任，你会每时每刻惦记着我，你会给我送礼物送温暖，每天一睁眼，你最想见的就是我！真挚的情感和朴实的话语道出了扶贫家属们对扶贫干部无尽的思念和关心，同时也界定了您和他之间原来只差一个"脱贫攻坚"的距离，如此触手可及却又咫尺天涯，距离之间，写满的是一个扶贫干部的必尽之责和必达使命。在此，深情说一声：感谢一路有您！

脱贫攻坚战犹酣，号角已经吹响，我们尚在征程，慎思瞻远，唯上下同欲，奋力拼搏方可取胜。面对时间紧、任务重的严峻形势，拼的是全县扶贫干部的"务实作风"、拼的是大家辛勤的"汗水泪水"，拼的是无数的委屈和"默默奉献"的精神，拼的是您们的"理解与支持"，更需要您一如既往地当好"贤内助"，给予您的家人更多的宽容和关爱。时代的洪流势不可挡，如滴水汇入江海，像束光照向远方，您的一小步，终将成为他们干事创业的一大步。在这征途上，只要我们每个人的光芒汇聚在一起，将把恢宏的征程照亮。在此，情不自禁说一声：攻

圆 梦

坚路上,您的理解和支持,让他们无所畏惧阔步前行。因为:您——才是他们的诗和远方!

待到梅花盛开时,胜利归来伴家人。最后,县委、县政府再次向您致谢,衷心感谢您长期以来对我们的支持,对家人的理解,对家庭的付出,祝您身体健康、平安幸福!

中共横峰县委书记　饶清华

横峰县人民政府县长　潘琍

2017 年 6 月 23 日

这封 1200 多字的信虽然不长,但感情真挚,情意绵长,充分体现了对扶贫干部家属们的关注、关爱,也佐证了党对扶贫干部的无比信赖和关心。读完这封信,怎么不让人想起诸葛亮的《出师表》?

饶清华毕业于大连理工大学。毕业后在上饶地区计委、铅山县、上饶县、玉山县等地多个岗位工作,担任过副县长、宣传部部长、常务副县长、县委副书记、代县长、县长,2015 年 8 月调横峰县担任县委书记。多年的基层历练,一步一个脚印,让他对农村、农民和农业都有深刻的了解,他认真思考如何贯彻党中央的精神,推进全县的经济发展,帮助农村群众尤其是贫困农民走出贫困,奔向富裕之路。不过,他刚上任的头一个多月,横峰的干部却没怎么见到他,他究竟干什么去了呢?原来,他一头扎进横峰的山山水水,一个村一个村地调研、摸底,要掌握横峰县的第一手资料。全县 660 个自然村,他都跑遍了。调研的结果,他得出一句评价:"横峰农村底子不错,形态完整,自然生态好,像一块未经雕琢的碧玉。"

不久后召开的十二届全国人大四次会议审议通过"十三五"规划,

05 松竹梅兰佳山水

提出我国全面建成小康社会进入最后五年的决胜阶段，饶清华更是发动县委班子成员深入基层，走村串户，共商国是，擘画运筹，紧扣省里提出的"整洁美丽，和谐宜居"的要求，立足"打造上饶后花园"的目标，走出了"党建引领，系统推进，民主管理，产村融合"的富有横峰特色的"三农"发展之路。尤其是他们一系列脱贫攻坚的具体措施，出实效，出成果，群众满意，上级肯定。2018年，经过监督考核，横峰得到"零漏评、零错退"和97.7%的群众认可，高标准退出贫困县。2019年，横峰荣登中国"三农"十大创新榜。2020年，横峰县城乡全域成功创建国家卫生城镇，成为全国首批、全省唯一县、乡"创国卫"全覆盖的县，获评江西美丽宜居示范县第一名！

2018年4月5日，中央电视台《新闻联播》头条播放了横峰县脱贫攻坚的实践和成效，在江西乃至全国引起了巨大反响。

横峰成为全国脱贫攻坚先进典型，自有其独到之处。

↑ 横峰县苏家塘村的田园景象

首先来看他们的全域规划，分类指导。全域规划的工作起自2015年底，饶清华提出要把全域规划作为人居环境整治的基础性工作抓实抓好。他们聘请浙江大学城乡规划设计研究院进行全域规划的编制；围绕村庄、产业、土地、旅游、环境、公共设施配套一体，统筹谋算，依照不同村庄的各自禀赋，实行"六规合一"。全县660个村庄按其自身资源和产业状态，分为普及村、亮点村、景点村3个层面来打造，建成荷塘月色、重石李家等一批社会主义特色新村。横峰将这些特色新村归纳为创新创造村、整洁靓丽村、民主管理村和产村融合村。饶清华多次在讲话中都提到，要把"为了群众、依靠群众、发动群众、幸福群众"作为一切工作的出发点、落脚点，具体来说，就是党建来引领，干部下基层，群众齐发动，民主共管理，坚定不移朝着脱贫奔小康的方向前进。县里的全域规划提出的目标是，到2020年打造100个亮点村、100个景点村——这个目标，其实早已经实现。

相较而言，横峰县面积不大，田亩不多，缺少自然资源，要使这么一个县不落人后，必须别出心裁，走出属于自己的独特道路。"秀美乡村"，最重要的就是生态宜居，这方面，横峰县的工作做得十分细致、彻底。长期以来，各地农村几乎都陷入衰落破败、脏乱差的局面，横峰也不例外。这种情况让人心疼。县有关部门遵照县委县政府的要求做出部署：全面、彻底整治环境，首先从垃圾治理入手。通过实行"户分类—村收集—乡运转—县处理"的城乡一体化处理方式，层层监督考核，户户自觉遵守，很快，全县各个村的垃圾无害化处理率就达到了100%。然后是改水改厕。他们这方面的做法是，梯次推进污水处理设施建设，探索运用人工湿地、"微动力"以及三格式化粪池、生态氧化塘等技术改善环境，同时实行生猪饲养向生态化、规模化转变，到2020年，改水指标全部完成，改厕指标完成95%，境内河流地表水水质全部达到国家三类

05　松竹梅兰佳山水

↑ 横峰县苏家塘村，柏油路通到村民家门口

标准以上。与此同时，全县同步推进"五拆五清"和"围墙革命"，拆除危房、违章建房数以千计以及以圈地占地为目的的围墙数百千米。又大力推进殡葬改革、平坟栽树、移风易俗，全县无论城乡，一律实行火葬，农村的亡故者入公墓率也达到100%。

横峰县尤其做得好的，可以视为标杆的是"四好农村路"的建设。通过几年努力，全县实现了行政村（村委会）村村通沥青路，自然村（村小组）组组通水泥路，游客到了横峰，无论晴天雨天，无论进村下组，都可以做到脚不沾灰、鞋不沾泥。横峰县获得全国"四好农村路"示范县的佳誉，可谓实至名归！

打造"秀美乡村"，实现全面小康，前提是要把经济发展放在第一位。饶清华依据多年农村工作的经验，清醒地认识到这一点，他在横峰创造了一条很宝贵的做法，就是产村融合、全业发展。他提出的一条思路是：村建带产业，农村加农业，宜居更宜业。

用通俗的话来解释，就是实行农村一、二、三产业融合发展，在县

圆 梦

域内努力创建三产融合示范区，依照他的思路去推进，脱贫工作取得了明显效果。目前，全县建成农业特色产业千亩基地 20 个，百亩以上连片种植基地 159 个，打造了药植园、荷博园、葛博园、葛博馆、现代农业示范园等"四园一馆"，形成了四季有花、有果、有景的特色，同时也有效益的融合示范格局。

这里要特别说明一下的是，荷博馆外人容易理解，就是与荷花有关的物质产品的博物馆；那么葛博馆呢，则是与葛根有关的产品博物馆。葛根，中药名，为豆科植物野葛的根，秋、冬两季采挖，有解肌退热、升阳止泻、清凉去暑、生津止渴的效用，含有蛋白质、氨基酸、糖等，有人曾赋予它"千年人参"之美誉。汉代张仲景所著《伤寒论》中，就有葛根汤这一方剂；明代李时珍的《本草正义》谓葛根"最能开发脾胃清阳之气"。现代医学研究表明，葛根还有降低血糖、抗心律失常、调节人的内分泌等功效。恰恰葛根是横峰、弋阳一带的特产。葛源镇的名称，读者可以想象：正是源于这里有丰富的野葛生长。在大学食品专业老师

← 横峰县新篁乡早田村，村民正在直播销售农产品

的帮助下，横峰百姓在传统的用葛根磨粉的基础上，开发出葛根片剂、葛根茶饮、葛根豆腐等多样化葛根类食品，使葛根这种古老的植物开掘出新的价值，当然也成为他们脱贫致富的一种方式。

横峰县建立了一个物流产业园，引进食品加工企业及配套企业28家，圆通、中通、百世、汇通纷纷在横峰建立赣东北转运中心；全县还建有3A级以上景区4个，3A级以上乡村旅游点28个。2019年的统计数据显示，这一年村集体收入平均达到20万元，2020年，村集体经济收入快速上升到30.3万元。这些数据与往年村集体经济凋敝、经费"空壳"的状况比较，竟成云泥之别！

作为脱贫攻坚的"第一责任人"，饶清华不仅善于运筹谋划、当指挥员，还深入贫困户家里，和贫困户贴心贴肺地话家常、议发展。有一年，他甚至在大年三十那天，到葛源镇溪畈村的贫困户郑爱莲家里，和她一家人过年。当饶清华来到郑爱莲家门口的时候，得到消息的郑爱莲早已站在门前迎候着书记。饶清华与郑爱莲热情握手，并打招呼说："新年好，新年好，今天大年三十，我来你家陪你过大年！"郑爱莲十分高兴和激动，连声答道："你来我家过年，真的太好了，我都不敢想，真的太高兴了！"一边说，一边紧紧拉住书记的手往家里走。

陪同书记来贫困户家里过年的有县扶贫办和镇、村干部，大家看见郑爱莲家门口贴着金色的"福"字和寓意吉祥的对联，悬挂着大红的灯笼，进屋后，又看见刷得雪白的墙壁，收拾得干干净净的堂屋和厨房，用盆子盛满美味佳肴，一副喜庆红火的样子，都欣慰地笑了。饶书记知道郑爱莲的儿子头年考上了东北大学，这次回家过年，见到这位刚满19岁的孩子，看到他人长得壮实了，性格也更开朗了，于是跟他聊起了天。饶清华说："我读大学那会，生活费不高，食堂的饭菜清汤寡水总是吃不饱，最高兴就是每个周末室友们凑钱下一次馆子，连菜汤都吃光。不过，那时感到的是单纯美好的小幸福。"饶清华的回忆亲切感人，让大家都放松起来，谈话聊天也就随意了。一时间，郑爱莲的家里洋溢起欢乐的笑声！

郑爱莲的公公刘太和虽然年事已高，但脑子很清醒，他来到饶书记面前，拉着饶书记的手说："我是横峰的新闻迷，一天要看3次横峰新闻，哪天不看就浑身不舒服。以前县里领导只能通过电视认识，现在经常来我家关心我们，我心里说不出的高兴！"刘太和还说："家家户户门口通上了水泥路，种地还有补贴，60岁还发养老金，看病也有医保了。溪畈人过上了幸福生活喽。"

村里有位82岁的老党员仙富英，听说饶书记来了，搁下锅铲来到郑爱莲家，说是要亲口对书记说声"谢谢"！一众人和饶书记围坐在一起，畅谈改革开放的成果，细数脱贫攻坚的实效，一致感恩党的政策，感谢各级干部给基层、给百姓尤其是贫困群众带来了美好的希望。

郑爱莲一边在厨房里炖着鸡、烧着肉，一边不时跑过来参与大家的谈话，她说："国家的政策就是好，我儿子读大学，申请到了助学金；饶书记又把我介绍到箱包厂工作，每个月两三千块钱工资收入，家里困难基本解决了。我们家要不落人后，尽快摘掉贫困帽子！"

当丰盛的年夜饭摆上八仙桌时，屋外已响起震耳的鞭炮声。饶清华举起盛满郑爱莲家自酿的清明酒的酒杯，给大家拜年，并语重心长地说："民苦我忧，民贫我愧。我们务必把内心的不安转化为做好工作的动力，千方百计发展集体经济。只有经济发展了，老百姓的幸福才有保障，同时要更加关注、关心贫困群众的生产生活，让老百姓共享社会经济发展的成果。我帮扶挂点葛源，我也一直把自己当葛源人，新的一年，祝福葛源发展越来越好，葛源人生活越来越好！"饶清华一席话，感染了每个人，大家不约而同地鼓起掌来！

当然，饶清华在调研中，不光发现了全县经济和社会发展的潜力、闪光点，也看到了问题所在。他曾去过丁家村几回，发现村民们见到干部显得冷漠，没有笑脸。其实，各级政府给这个贫困村投放的资源不少，村民的态度为何与溪畈村以及别的村的村民大不一样呢？饶清华决定在村前的大樟树下现场开会，研究问题出在哪里。讨论中，有人指出，村干部有违纪问题，秀美乡村建设中，发动群众不够，农民没有参与感，村里的一些决策并不符合群众意愿。找到症结，饶清华立马指出："秀美乡村建设要尊重群众，发动群众，让农民的事农民办，让老百姓脸上有笑容。"随后，有关部门立即行动起来，在全县所有行政村成立以党支部为核心的"四会"组织——即村民理事会、监督委员会、乡贤促进会和村民互助会，这些组织有效地发挥了建设"秀美乡村"的平台作用。2021年7月份的《农民日报》在《新时代优秀县委书记风采》栏目中，曾刊登了一篇《让老区人民笑脸绽放——记江西省横峰县委书记饶清华》的报道，里面记录了饶清华2015年在石桥村调研的事。那一次，他到了石桥村，发现村里交通极为不便，集体经济一穷二白，尤其是党组织软弱涣散，无法带领群众走上脱贫致富之路，于是当即表态：这么贫穷落后又偏远的村，还是我来挂点。在这个村里，他又挑选了3户最困难的农户亲自帮扶。经过5年的攻坚，这个村交通改善了，班子建强了，经济也大大发展了。2020年，这个村集体经济收入达到52万元，一跃成为全县脱贫攻坚的典型！

石桥村的普通村民，手机里也有书记的微信号码。黄坞村民小组的村民邓兴刘曾当面向采访他的记者翻出手机里的通讯录，里面真有饶书记的微信号，他还自得地说："没骗你吧？这是我和饶书记互相交换的呢。"后面还会提到的"好客王家"农旅公司负责人王寒说："我的微信是饶书记主动加的，他喜欢和基层交朋友，总问我们有啥困难，鼓励我们

圆 梦

↑ 好客王家村庄一角

大胆干!"

书记的亲民作风,受到群众特别是底层百姓的欢迎,在贫困户中口碑特别好。作为同一个班子里的县长,同样对百姓有着深切的关爱与同情。龙门畈乡柯家村委会有个自然村叫王家塘,在推选贫困户时,评议大会始终开不起来。村民都知道这次脱贫攻坚对于确定为贫困户的家庭,有着就业、补贴等多项的政策扶助,大家都想评为贫困户,因此争执不下、互不相让。县长潘珂在龙门畈乡调研精准扶贫进度,听说这个情况,第一时间赶到王家塘村去解决问题。车子还没到村口,潘珂已经看见村头的老树下,围着几十位村民,朝自己这边张望。小车刚停,村民们一下子围了上来,七嘴八舌讲述自己家庭应当评为贫困户的理由,同时还互相争辩,弄得面红耳赤。乡村干部领着县长穿过人群,到村里一个小卖部坐下,村民们也紧紧跟了过来,高声申诉着自己的理由。

有的说,自己家男人都没有了,为什么不能评贫困户?有的说,村里的贫困户都是村干部说了算,不公平。有的说,村里水井那么脏,乡里为什么不帮助我们解决一下?还有的说,别的村已经搞得那么好,我们村还是老样子,没看见多少变化。政府管不管我们?

面对着众声喧哗,潘珂心中有底、冷静沉着,她掏出笔记本,记下村民们的意见和建议,然后让乡干部拿来一只高音喇叭，坦率和群众对话。她说："听说了你们这里的情况，我特意来看看，和大家聊一聊。刚开始的时候，村里干部不同意我在这里下车，我说怕什么呀，人民的县长还不能见人民？我相信把道理讲清楚了，大家才会更加理解和支持我们的工作。"潘县长清了清嗓子，然后耐心地解释："现在国家有了好政策，要帮助农村里还吃不饱穿不暖、生活特别困难的人脱贫致富。我们的扶贫干部落实县委县政府部署，已经做了大量工作，现在中央提出精准扶贫的要求，我们把评选程序交给大家，就是希望能把真正需要扶持的家庭推选出来。评谁不评谁，大家心里都有一杆秤，千万不要只想着自己的小家，忘记村里真正贫困的人家。"

潘县长又带着感情说："全国14亿人口就像一个家，总书记就像我们的家长，现在我们国家还不是很富裕，但总书记始终很关心我们，家里有一点多余的钱，总书记就拿出来帮助生活困难群众，等我们国家越来越富裕了，以后帮助我们的力度就更大了……"

她从村民们的当下生活的角度发问："你们说，这几年村里的路是不是更好了，电视电话是不是更多了？生活水平是不是改善了？"潘县长的话亲切而实际，大家一边听一边频频点头，认为县长说的确实在理。潘珂又向村民介绍了青板乡金鸡村脱贫攻坚的经验。这个村，村民建设秀美乡村的主动意识很强，不搞"等靠要"，在上面扶助资金没下来以前，自己筹资整治村容村貌，修整沟渠，清扫垃圾，栽种果木。村民之间的凝聚力也很强，不会相互攀比、争风吃醋，而是礼让有加，所以成了全县的典型。

县长一番话，说得王家塘的村民们心服口服。

"村庄美丽，还要产业发展才能真正脱贫致富。大家要多从产业上想办法，有志气，讲团结，依靠自身努力劳动，才能更好地摆脱贫困。"最后，潘珂这样嘱咐王家塘村村民。随即，潘珂要求在场的乡镇干部，要更好地支持和充分发挥龙门畈乡种植水果的传统，结合王家塘地理环境和土地条件，帮助农户选择适合本地生长的优良果业品种，形成产业链条，走规模化种植之路，以产业发展为支撑，提升乡村经济，完善乡村旅游，推进秀美乡村建设。乡村干部则当场表态，村里的账目一定会公开、公示，还大家明白账。至于污水塘的处理，村民们若有好办法、好建议，也肯定采纳。总之一句话，政府是关心大家的，会尽最大努力来帮助大家！

这场对话，时间不长也不短，不知不觉间，两个小时过去了。据现场随行的工作人员回忆，潘县长起身向大家告别时，村民们围上前去，争着和她握手，一直把她送上车。村民们吃了一颗定心丸，他们相信潘县长的话，相信政府的表态，更加理解了建设秀美乡村的意义，同时也意识到自己应尽的责任和义务……

当然，在横峰县，深入基层，和农民尤其是贫困户近距离密切接触的不仅是书记和县长，广大的普通公务员、扶贫工作队队员、乡镇干部还有媒体记者等，长年奔走在扶贫第一线，了解民情，结交百姓，和他们做知心朋友——这也是横峰县脱贫攻坚行动的一大特色。曾经有几位扶贫干部和记者一起去横峰县最偏远，也是最神秘的阳山走访，那儿有横峰县的最高峰米头尖。米头尖海拔1366.6米，远远看去，其形状如一粒竖起的米，尖刺高耸，直插云霄，老表说这座山峰实在难爬，险峻陡峭，连道路都没有，山头布满荆棘，拳头大小的碎石，随时会沿着山坡滚落。一行人不畏艰险，好不容易到达隐藏在深山里的小村阳山村，受到村民们的热情接待。阳山村是罕有人来的地方，若不是脱贫攻坚的开展，村民们几乎见不到外面的人，处于"不知有汉，无论魏晋"的窘境。这次，扶贫干部领着记者来到阳山村，村民们自然把他们当亲人一样款待。午饭时，他们弄了外面品尝不到的阳山吊锅，还有排骨烧冬笋、豆腐、萝卜、大白菜、红烧芋头、油煎高山冷水鱼等十多种具有山里特色的农家菜，摆了满满一大桌。大家边喝水酒边聊天，阳山垦殖场的支部书记万金银兴头来了，向从未上过阳山的记者侃道：阳山这个地方，过去的闭塞不可想象，这里不通公路，步行去最近的乡镇葛源镇要4个多小时。高山上风大，遇上大风刮起，风沙弥漫，行人要用头巾蒙住脸才行。现在，搞了村村通，水泥马路从山下直通山顶，开车半个小时就可以从葛源镇到阳山村了。

饭后，大家在万金银的带领下，来到村里五保户万金龙家，看见万金龙的母亲正在晒南瓜，万金龙则在打扫卫生。村支书万金银介绍："万金龙有轻微的脑瘫，至今未能娶妻生子，村里安排他做秀美乡村管理员，还给他申请了低保，基本生活有了保障。"万金龙虽然脑瘫，思维可能有点影响，但行动没有太大阻碍，他不时上山去挖竹笋，一天可以挖到20多斤。每斤竹笋市价8元，这样一天收入也有160多元，供养老母的压力大大减轻。

众人来到贫困户王春树家时，看见他家门前的场地上晒满了茶籽，王春树曾脑出血，经过治疗已基本痊愈。他很爽朗地跟扶贫干部和记者聊了起来。他说，今年是"小年"，茶籽产量低，但门前那些茶籽仍然可以榨出300多斤油。每斤茶油至少可以卖到55元一斤，总的收入就是16000多元。他还说，村里给他安排了公益岗位，申报了低保，总的计算下来，摆脱贫困，解决温饱一点问题都没有。见他谈得兴致勃勃，大家都替他感到欣慰。临走时，王春树一定要把挂在屋梁上的几挂玉米送给大家，说这可是原生态的玉米，种子都是祖祖辈辈一代一代传下来的，不是转基因的，可以放心吃。众人被他的热情所感动，纷纷掏钱买下了他的玉米，并祝愿和鼓励他，坚定自力更生、勤劳脱贫的信心和决心，和全村、全县人民一道，去争取脱贫攻坚的全面胜利。另外，阳山村和全县其他有特色的乡村一样,也在打造民宿经济,这里无论是观景还是避暑,在横峰都是第一流的。村民们坚信,一旦事业开了头,只需大胆往前走。脱贫致富梦不远,无限光明在前头!

回到县城后,记者用抒情的笔调描绘了他们的阳山之行,赞美阳山村是"一个告别城市的喧嚣,让时间凝固的地方","阳山的变化只是横峰发展的一个缩影……扶贫的阳光洒向每一个角落,照亮贫困户的心"——这简直就是一幅意境优美的广告,对没去过阳山的人,具有强大的"杀伤力"(或者说就是"吸引力")!

读者一定已经注意到,在描写横峰县的脱贫攻坚成果中,反复出现的一个词,是"秀美乡村"。2018年1月2日,中共中央、国务院发布了《关于实施乡村振兴战略的意见》,提出实施乡村振兴战略,这是党的十九大作出的重大决策部署,是决胜全面建成小康社会、全面建设社会主义现代化国家的重大历史任务,是新时代做好"三农"工作的总抓手。党的十八大以来,在以习近平同志为核心的党中央的坚强领导下,全国各地坚持把解决好"三农"问题作为全党工作重中之重,持续加大强农惠农富农政策力度,扎实推进农业现代化和新农村建设,全面深化农村改革,农业农村发展取得了历史性成就,为党和国家事业全面开创新局面提供了重要支撑。5年来,全国粮食生产能力跨上新台阶,农业供给侧结构性改革迈出新步伐,农民收入持续增长,农村民生全面改善,脱贫攻坚战取得决定性进展,农村生态文明建设显著加强,农民获得感显著提升,农村社会稳定和谐。当前,社会发展不平衡不充分问题在农村最为突出,农民适应生产力发展和市场竞争的能力不足,新型职业农民队伍建设亟须加强,还有农村基础设施和民生领域欠账较多,农村环境和生态问题比较突出等。实施乡村振兴战略,是解决人民日益增长的美好生活需要和不平衡不充分的发展之间矛盾的必然要求,是实现"两个一百年"奋斗目标的必然要求,是实现全体人民共同富裕的必然要求。

横峰县党政班子一致认为,实现乡村振兴,必须全面贯彻党的十九大精神,以习近平新时代中国特色社会主义思想为指导,加强党对"三农"工作的领导,坚持稳中求进工作总基调,坚持把解决好"三农"问题作为工作的重中之重,按照产业兴旺、生态宜居、乡风文明、治理有效、生活富裕的总要求,统筹推进农村经济建设、政治建设、文化建设、社会建设、生态文明建设和党的建设,让农业成为有奔头的产业,让农民成为有吸引力的职业,让农村成为安居乐业的美丽家园。实施乡村振兴战略有三个阶段性目标,首先就是到2020年,乡村振兴取得重要进展,制度框架和政策体系基本形成,农业综合生产能力稳步提升,农村贫困人口实现脱贫,贫困县全部摘帽,美丽宜居乡村建设初见成效的愿景,这的确是一幅美好的画卷。横峰县为了把这幅画卷变成现实,根据省、市要求,提出了建设"秀美乡村"的目标,而且通过广泛宣

↑ 苏家塘村的读书林

传，使之深入人心，并通过层层落实，在实践中显示出来。这些年，横峰县已经打造出"忆江南""原乡记忆"等6条美丽风景线，留住乡村最美乡愁，展现出点上出彩、线上靓丽、面上秩序井然的秀美乡村面貌。通过尊重原有风貌，横峰县精心规划、精致建设、精细管理、精美呈现，打造出最美梯田崇头山、千亩荷塘梧桐畈、仁和夏阳、礼孝东山、重石李家、忠义杨家、幸福九都、耕读传家苏家塘等一批特色主题村。

《新华每日电讯》2018年3月刊发过一篇文章:《好客王家：百人村庄30年自治路》，就是讲横峰县王家自然村把一个贫穷落后的小村庄建成秀美村庄的故事。

好客王家，是王家村在脱贫攻坚中新获得的村名，这个村户数不多，只有27户，是清代康熙年间从外面迁来的。1679年，康熙帝下诏"迁界禁海"，王家先祖带着族民迁来横峰县，这个村在300多年的历史中，屡经磨难，人口最少时仅存3户9口人，至今人口仍然偏少，从耄耋老者到稚龄孩童才107人，还不如梁山聚义好汉的人数多。过去，村子一穷二白，当地有一句民谣：

有女莫嫁王家郎，上年吃了下年粮。

这首民谣，足以道出王家村人困苦的日子。无资源、无底蕴、无根基，摆脱贫困的路怎么走？煞费王家村人的脑筋。老话说："穷则思变。"王家村人中，有苦读古典书籍的人，有笃信传统文化的人，有自强不息的人，他们立下志气，既要从优秀传统文化中汲取奋发有为的力量，也要紧跟时代，把建设秀美乡村作为自己奋斗的目标。

通过集体讨论，他们制定了王家村第一部村规民约，主持制定村规民约的是曾经担任过副乡长的76岁老人王有录，他根据村党小组的会议

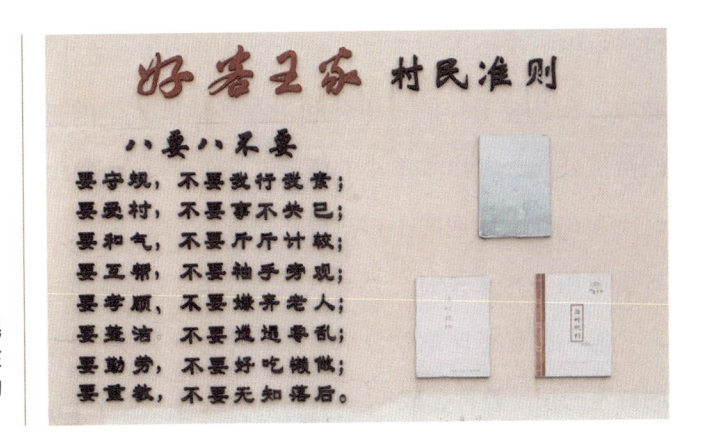

→ 好客王家的村民准则，如今写在村民活动中心的墙壁上

记录，从零散的议事讨论中，整理出16章85条款，涉及村风民俗、邻里关系、文化教育等方面。村规民约制定后，王有录老人用毛笔将其一笔一画誊写出来，公之于众。至今，这个"手抄本"收藏在好客王家的村史馆里，成为村民对这个村的历史记忆。

2015年10月3日的王家村党小组会议记录上写道："王家要发展，必须改变思路，由王寒负责少儿成长教育基地蓝图规划设想。"3天后的村民会议记录本上记录："决议成立基地筹建理事会。"2017年1月15日又记录："成立好客王家发展有限公司。"这个公司的主持人王寒，曾在外面闯荡过几年，眼界和思路相对开阔。公司的启动资金无着落，王寒提出发动村民自觉捐款，以户为单位，最少不低于1万元，最多不超过3万元。大家都抱着脱贫解困的心思，信任王寒有这个才能，很快捐出钱款，终使王寒有了施展拳脚的机会。公司在村里办了农家乐、亲子游、夏令营、农耕体验基地。

王家村的村规民约中规定：村集体每年供应在校初高中生25斤油茶蒲，以抵充勤工俭学任务。现在，横峰县人人都羡慕这个小小的村小组，几乎每户人家都有1人考上中专以上学校，其中在读硕士4人、学士13人。王家村人自豪地说："山上的油茶林送一个个年轻人走出村庄！"不

圆 梦

过，年轻人无论走到哪里，都不忘故乡的根。在上海当软件工程师的王昶敏、在县城工作的王玉婷和正在外地读大学的王佳鑫把"好客王家"的微信公众号做出了不小的影响，让外地、外省的人更多更好地认识了这座躺在群山环抱的小村。现任村党小组长王华说，一条高速公路通过村里占用了村上的地，给予王家村20多万元耕地补偿款，经过讨论决定，他们没有将这笔款分给各家各户，而是集中作为教育基金，用于帮助村里的孩子教育、成长。

现年71岁的王有才，曾长期担任村民小组长，虽然卸任了，仍然担任着村民理事长，他事事处处带头，给村民做榜样。他两个儿子成年后结婚分家，申请了新的宅基地，他跟长子一块儿住，把自己原先的宅基地献了出来，做成一个游泳池，村里的孩子一到夏季，最喜欢在这个游泳池里嬉戏，阳光照射下，男孩子裸着身子，女孩子穿着薄衫，在水池里互相泼水打闹，同时练习游泳，大人们喜滋滋地看着这样一幅情景，不由颔首点头，说这些孩子赶上了好时光，能和城里孩子体验同样的生活方式了！

← 王有才把老宅的宅基地改造成游泳池

05 松竹梅兰佳山水

　　王有才曾对前来采访的记者说，他们这个村，自改革开放以来，没有一户出现不良信用记录，没有发生一起刑事或治安案件，这样的记录，在农村是不多的！《人民日报》记者魏本貌也专门为横峰县写过一篇报道:《老区脱贫　文化先行》，其中提到好客王家的青少年教育成长基地建设，并指出，"如今，该基地已成为村民们脱贫致富的最大产业"。

　　村里还通过承包方式，发展了其他产业，比如在山上栽种了1000多棵马家柚，其经济收益归村集体所有，还有其他果木林，同样如此。

　　好客王家的村民，有了脱贫致富的参与感、自觉性，村里的民宿，由江西好客王家农旅文化发展有限公司统一挂牌经营。村民王有贵，开了一家农家乐，为接待客人，他年初酿了1000斤谷酒，不到年底全部卖光，获得利润10多万元。好客王家农旅文化发展有限公司还设置了成人团建、学生研学、乡村治理讲堂等项目，大受外界欢迎，头一年运营就收入100多万元。

　　走进好客王家这座小村，那些让人眼花缭乱的村规民约、村民守则、村干部监督选举办法和小康标准，以及村里的追求目标让人感受到好客王家生龙活虎的气息。在莲荷乡义门村梧桐畈，也有同样的景象，村前一面高大的墙上，写着歌曲《荷花梦》。这首《荷花梦》连曲谱带歌词全部书写在墙上，每一个来采访走到那面墙下的人，都会流连驻足，仰头观望，会简谱的，还会跟着简谱哼上一哼，以品味荷花梦、中国梦。

　　　　　　我家池塘水，

　　　　　　水上荷花美，

　　　　　　花蕾脉脉含深情，

　　　　　　亭亭玉立吐芳香。

　　　　　　迎风舞绿裙，

圆 梦

雨中笑微微，

百花园里不争春，

只恋家乡泥和水。

我家池塘水

水上荷花美，

花开香飘千万里，

花落难舍家乡水。

出泥不染尘，

年年果实累，

花开花落都是情，

人间处处尽朝晖……

↑ 横峰县莲荷乡，该乡把产业帮扶作为重要的扶贫措施，积极帮助贫困户发展特色产业，如帮助贫困户种植白莲、荞麦等经济作物

05 松竹梅兰佳山水

2021年建党100周年大庆前夕，6月30日，《人民日报》刊载了《中共中央组织部关于表彰全国优秀县委书记的决定》（以下简称《决定》），这项《决定》说：

> 在中国共产党成立100周年之际，为深入贯彻习近平新时代中国特色社会主义思想，大力选树先进典型，激励广大党员干部更好地奋斗新时代、奋进新征程，经党中央同意，中央组织部决定，对在县（市、区、旗）委书记岗位上取得优异成绩的于长辉等103名同志，授予全国优秀县委书记称号，予以表彰。

《决定》还说：

> 县一级在我们党的组织结构和国家政权结构中处在承上启下的关键环节，县委书记在推动改革发展、促进长治久安中承担着重要责任。近年来，全国县委书记认真贯彻落实党中央决策部署和习近平总书记重要指示精神，在全面建成小康社会进程中，在脱贫攻坚、疫情防控等重大斗争、重大任务中，知重负重、砥砺奋进，发挥了"一线总指挥"的重要作用，为党和人民事业作出了积极贡献。
>
> 这次受表彰的县委书记，是全国县委书记中的优秀代表。他们政治坚定，忠实践行习近平新时代中国特色社会主义思想，自觉在思想上政治上行动上同以习近平同志为核心的党中央保持高度一致；实绩突出，事业心和责任感强，富有斗争精神，团结带领干部群众苦干实干、忘我工作，战胜许多困难挑战，推动经济社会发展取得显著成绩；心系群众，自觉践行党的根

本宗旨，对人民群众感情深厚，一心为民、甘于奉献，着力解决群众急难愁盼问题，不断改善和发展民生，在人民群众中口碑好形象好；清正廉洁、以身作则，依法用权、秉公用权，积极营造风清气正的良好政治生态。

《决定》公布的103人的名单中，江西3人在列，按照姓氏笔画，分别为：

  张智萍（女） 遂川县委书记
  饶清华 横峰县委书记
  熊运浪 南昌县委书记、南昌小蓝经济技术开发区党工委书记

《农民日报》的报道说："横峰县委书记饶清华的为民初心，也是横峰成功逆袭的'法宝'。近六年来，从基础差财力弱、工业发展处于低谷、城乡环境差、干部士气不高、群众幸福感不强的后进县，到'零漏评、零错退、群众认可度97.9%'高质量脱贫摘帽，获得全国农村人居环境整治成效明显激励县、全省美丽宜居示范县第一名等30多项国家级、省级荣誉，横峰百姓收获了实实在在的幸福感。"今天的横峰，已经华丽转身，真正成为一块经过精心雕琢的美玉了！

06

赣西明珠今胜昔

↑ 萍乡市芦溪县紫溪村，春和景明采茶忙

萍乡,"乃古之吴楚咽喉,今之赣西明珠"。外省人对这座城市知晓度不高,但谈起近百年前发生的安源路矿工人大罢工和秋收起义,就都能明白了——这两件大事可是载入了中国共产党党史的!安源连同它的所在地萍乡,是中国近代工业化起步最早的一批城市之一,是中国工人运动策源地、秋收起义策源地,还有一件不为多数人所知的事,它还是中国少年先锋队的诞生地。

远在5000多年前的新石器时代,就有先民在这一带生产劳动、繁衍生息。春秋时期,这里和整个江西大地都成为吴、楚争夺之地,所谓"吴头楚尾",意谓吴楚两国山水相依、国土相邻。吴楚争霸,几无休止,如今赣西的萍乡、赣中的南昌、赣东北婺源的山岭上,都立有"吴楚分界"的石碑,见证了那段风云激荡、兵戈相伐、腥风血雨的历史……三国时期,吴帝孙皓在此地设立萍乡县,县治在芦溪古岗,后来又迁到萍乡凤凰池,即今市区所在地。以后,萍乡升格为州,复又降为县,先后归属袁州(今宜春)、庐陵道(今吉安),纷纭演化,直到1970年,正式成为省辖市。

数千年里,萍乡和中国大部分地方一样,都是以小农经济为主要生产方式的,虽然有煤矿,但落后的生产工具无法进行大规模勘探和挖掘,只能小打小闹,满足地方百姓生存需要。到了清朝后期,西方列强入侵中国,李鸿章、张之洞等官僚发起洋务运动,邮传大臣盛宣怀为解决汉阳铁厂燃料之需，引进西方先进采矿技术开发安源煤矿，使之成为中国最早采用机械生产、运输、洗煤、炼焦的煤矿，号称中国近代十大厂矿之一。作为中国最早的钢铁煤联合企业之一，安源煤矿可以看作是农业社会向工业社会转型的缩影。安源路矿产业工人的规模在20世纪20年代，曾经是全国近代化企业中最大的。安源工人参与过辛亥革命，支援过北伐战争，还有很多工人参加秋收起义，加入了红军，并成长为人民解放军高级将领。不过，这座煤矿毕竟经历了100多年开采，到20世纪末，这座曾号称"江南煤都"的城市，地下煤田已近干竭，国务院于2008年发布首批资源枯竭型城市，安源所在的萍乡市名列其中。

资源枯竭，煤炭产出的效益无法支撑全市的GDP，萍乡市的执政者尽管在不断摸索探寻新的路子发展经济，着力发展二、三产业，但二、三产业带来的效益终归无法普及到每一户群众尤其是农村群众中去。萍乡市三县两区，大部分农民仍处于温饱阶段，尤其是莲花县，被定为国家级贫困县，老百姓全凭种植水稻为生，一旦有个天灾人祸，疾病缠身，就会陷入窘境。

当脱贫攻坚战役打响之后，萍乡市果断采取强有力的措施，启动了前所未有的扶贫工作。他们按照党中央关于乡村振兴与脱贫攻坚的政策要求，聚焦"三农"工作，服务农村建设，掀起新一轮农村改革发展的热潮。萍乡市委提出了这样一个建设美丽乡村的口号：

产业兴旺，

生态宜居，

乡风文明，

治理有效，

生活富裕！

5 句话 20 个字，如钉钉子一般，嵌入到每个干部的头脑里，让全体干部心中有目标，肩头有责任，行动有措施，脚下有力量！

民间有一句老话：火车跑得快，全靠车头带。还有一句话：榜样的力量是无穷的。有了建设美丽乡村这样一个明确目标，下一步就是要树立典型，总结经验，让更多的地方能够学习和"复制"，萍乡市的做法是非常有参考和借鉴价值的。

2015 年 8 月，萍乡市委组建了脱贫攻坚帮扶工作组，由市委组织部、萍乡市审计局、萍乡市人寿财险公司、江西省煤田地质局二二六地质队组成，进驻到芦溪县银河镇紫溪村，与村"两委"一道，在党的建设、乡村治理、文化建设、村容村貌、产业扶贫等方面开展工作，短短 3 年多时间，就使这个省定"十三五"贫困村彻底改变了面貌，嬗变为乡风文明、管理规范、产业兴旺、宜居宜游的示范村。这个村获得江西省"党建＋精准扶贫"的先进单位，被列为全省农村"党建＋"流动现场会观摩点，还获得萍乡市"文明村镇"称号，真正实现了市委提出的"年年有变化，三年大变样，五年新跨越"的发展目标。其"党建＋精准扶贫"的经验入选全国党员教育教材《抓党建促脱贫攻坚案例选》。市委组织部下派到紫溪村的第一书记范小敏，表现突出，堪称表率，拍摄其扶贫事迹的电视片获得全省党员教育电视片一等奖。

前面说了，萍乡市一带，5000 年前即有新石器时代人类活动的踪迹，而紫溪村的年代似乎更为久远。考古专家从附近青苔岭山洞内出土过的一件打制石器判断，认为紫溪村的人类活动历史可追溯到 12 万年前，那就是旧石器时代了。

紫溪真正建村的历史，可追溯到宋代淳化二年（公元 991 年），西晋豫章太守甘卓奉命镇压湘州、巴蜀流民起义，驻军萍乡，时达 3 年，其后裔有些散布于当地，在淳化二年从永新县迁来紫溪，是为紫溪村始祖。

圆　梦

紫溪村村民姓氏以甘氏为主，后来又有易、李、江、傅、黄等姓氏来此地定居，繁衍生息，遂成今日格局。

至今紫溪计有村民小组33个，农村户口1318户，总人口5274人，其中农业人口5064人，党员128人，建有党总支，下设党支部5个。

市委扶贫工作组进驻紫溪之前，紫溪村民纯粹依赖小农经济的生产模式，靠种植水稻、油茶、养猪、养鱼为生，产业单一，既无工业，也无三产，集体收入无法产生，自然村干部积极性也不高。2015年，这个村年人均收入不到7200元，被列为江西省"十三五"规划扶持贫困村。工作组进到这个村所看见的，路是泥泞路，满眼是垃圾，基础设施差，经济效益低。村民中不见奋发图强的精气神，倒是常常闲聚打麻将，或动辄去上访，对工作组成员也很不信任，认为他们很可能会像以往的干部一样给农民打马虎眼，走马观花，浅尝辄止，然后拍拍屁股走人。他们没有想到的是，工作组驻村后，其作风完全不一样，市委组织部干部范小敏担任了村里的第一书记，他领着工作队员们反复召开村干部、村民代表和全体村民大会，并登门上户，深入了解村情、户情、民情，把每家每户的情况掌握得一清二楚。在了解民情的基础上，再通过甄别、评定，为88户197位贫困人口建档立卡，正式展开了脱贫攻坚这场没有硝烟的战斗！

工作队帮助村"两委"班子，制定了紫溪村"十三五"发展规划，同时也制定了自身的三年帮扶计划，强化组织功能，贯彻政策精神，完善乡村治理制度，整合技术、信息、人才等各类资源，大力

↑ 紫峰茶场

↑ 紫溪村大棚蔬菜基地

培养产业领头人才，狠抓项目建设，建成了"一园（绿色生态园）、两场（紫峰茶场、大庆生态农场）、多基地（蔬菜基地、油茶基地、脐橙基地、猕猴桃基地、光伏发电基地等）"的产业群，修建了宽5.6米的村级公路11公里，安装太阳能路灯157盏，完成新农村建设项目12个，修建村民文化广场9个，维修山塘、河堤和提升改造自来水主管网5400米等。在工作队的努力下，紫溪村"两委"班子成员和广大村民精神面貌焕然一新，他们的思想观念实现了大变化，乡风民俗实现了大转变，村里环境实现了大提升。干部们觉得事业有了奔头，不再怨天尤人，而是认真履职，常下村组开"屋场会"，调查摸底，征求民情民意；村民们也不再闲聚闲聊，甩扑克打麻将，而是忙农活忙项目，忙着奔发财致富路。如果村民有情绪有意见，就在村民议事会上提出，多半会当场获得解决（至少能获得解决方案），因此，这里信访一般不出村，更不会出镇，工作队

圆 梦

↑ 紫溪村光伏发电基地

和村干部把村民当作自家人，村民当然也把工作队和村干部当作自家人。为了落实发展项目，全村村民积极响应工作队和村"两委"的号召，4天拆了101栋危房，9天办完1000多亩土地流转，银河镇镇长杨惠听到这个消息，赞叹说："农村第一难事是拆房、征地，然而拆房、征地等难事在紫溪村都不是事！"在新农村建设当中，紫溪村民自筹资金、投工投劳，折合价值累计90多万元，"撬动"社会资金达1320万元。截至2018年，紫溪村集体经济收入达到49.95万元，可谓今非昔比；村民人均收入跃升到16200元，3年时间翻了1.25倍！紫溪村完成了从"落后村"到"明星村"的大翻身、大转变，真正实现了市委提出的脱贫攻坚奋斗目标。

下面，我们要把紫溪村嬗变的故事做一番细节性的描绘，让读者对所谓"紫溪模式"有一个直观印象。首先,我们要讲的是:村里来了第一书记范小敏。

范小敏是市委组织部党员教育培训中心副主任,他受命下到紫溪村,还带着工作队其他队员。新来乍到,他是"又惊喜,又迷茫":惊喜的是他有了一次驻村工作、学习、锻炼和体验的机会;迷茫的是他虽然家在农村,却从未在农村基层工作过。没有经验,却要挑第一书记的重担,其难度可想而知。但是,通过学习党的扶贫政策和市委、市政府决议,他心中有了明确的目标。不过,目标虽然有了,他还是连续两个晚上没睡好觉——毕竟,扶贫工作责任重大,自己能不能挑起这副担子,尚是一个未知数。

紫溪村的村干部们对工作队也满腹狐疑,他们心想,村里工作虽然一直起色不大,但是这与村里条件有限是分不开的呀!干部们虽然谈不上功劳,苦劳总归是有的。这个范小敏当过几年兵,到这里做第一书记,还真能管用?恐怕挂个名罢了,别指望能搞出什么名堂!

经过两个晚上辗转反侧,范小敏心中却有了主张,他想起"没有调查,就没有发言权;没有交流,就没有与群众之间的相互信任",决定入村后第一件事就是深入到群众当中,去了解村情民意。他带着工作队员,挎包里装着笔记本和钢笔,逐门逐户上门走访,全村33个村民小组、1318户人家,他们走了个遍。开始走访时,有村民躲着他,甚至当面背后地损他,他总会忍住性子,主动和村民交流谈心。对那些家庭困难的群众,他更是会三天两头上门,嘘寒问暖,送去关心和问候,并尽力帮助解决生产生活上的实际困难。有道是真心换真心,正是在一次次拉家常过程中,缩短了他和村民之间的距离,也换来了群众对他与工作队的信任。短短1个月的时间,范小敏将紫溪村的情况摸得了如指掌,几千人的紫溪村,无论大人、小孩都认识这位市里来的工作队队长兼"第一书记"。

圆 梦

↑ 范小敏（左一）帮村民干活

"范书记有时看到哪家农忙，他就会加入进去，一干几个小时，不嫌脏不怕累，到底是农村出身，农活做得有板有眼，跟我们就像是一家人。"村民李增财说。还有一位叫李兆庚的村民给范小敏发信息："范书记真是了不起，您不是在这里做官，您是在紫溪村做牛！佩服！佩服！"

在紫溪村，范小敏所率的工作队实行的是"全日制""5+2""白+黑"的工作模式，一年365天，没有一天休息，即使是大年三十，工作队也会去孤老家中去探访，给他们拜年，捎去年节的问候。

在紫溪村挂点期间，范小敏妻子生孩子了，在医院里，别人的丈夫都围着妻子打转转，殷勤的还会给妻子熬鸡汤甚至喂水喂饭，可是他却不在医院，无法照料临产的妻子。孩子有一次生病住院，他在村里忙碌个不停，无法赶回家去。为此，妻子心中不悦了，嗔怪他只要工作不要家，他就把妻子请到村里住上几天。当妻子亲眼看到丈夫整天忙着为村民做好事、办实事，村民对丈夫又是那么信任和贴心之后，才理解了丈夫的行为。

范小敏廉洁自律的作风，也获得了村民点赞。有时在村民家做思想工作遇上饭点，他坚决不吃老百姓的饭，有一次被拖着吃了饭，范小敏硬是给那户人家塞了40元钱。还有一次下村，范小敏恰好遇到一位村民在采摘自家种的柚子。见范小敏来了，村民非常热情地说，他家的柚子口感好，水分多，很香甜的，要送一袋给范小敏带回家品尝，范小敏坚持付了村民50元钱才接受了这袋柚子。

把百姓当亲人，廉洁自律做典范，这些都是取得村民信赖的做法，但最让紫溪村百姓尤其是贫困户感恩的是，范小敏、工作队与村"两委"干部齐心合力，做规划，抓项目，推动全村脱贫攻坚，走上致富道路。

　　驻村以后，范小敏担任了紫溪村精准扶贫工作领导小组的组长，协助制定了村"十三五"发展规划和三年帮扶计划。他前往杭州、南昌、九江等地出差，对接浙江工商大学旅游规划学院、萍乡市规划设计院、芦溪县旅发委等单位，与他们共同制定乡村旅游整体规划和新农村建设规划，开展田园综合体项目建设。他还邀请省、市、县农业专家几十批100多人次来村调研指导，同时帮助村民掌握致富技能。通过建立紫溪村创富平台微信群，引导离开家乡的致富能手回村创业，并帮助回归的创业人员成立农林公司和农业专业合作社。工作队了解到紫溪村有种植蔬菜和油茶的传统，但规模小、效益低，范小敏本能地认为，通过争取上级扶持和自力更生相结合，这些产品都可以壮大。果不其然，在不长的时间里，紫溪村就建立了集中连片蔬菜、脐橙、油茶、猕猴桃、光伏发电基地。

↑ 紫溪村水渠建设前后对比照片

圆 梦

↑ 紫溪村蔬菜基地机耕道建设前后对比照片

范小敏下到紫溪村后，一直践行"1235"工作法，即一勤：勤走访；二不：不领福利、不领补贴；三同：同吃同住同劳动；五心：虚心问、真心帮、耐心说、细心谋、实心做。在践行上述工作法的同时，切实解决群众尤其是贫困户家庭的关心、忧心、烦心事，增强群众信任感、获得感、幸福感。由于工作成绩突出，范小敏当选为2016年萍乡市党代表，2017年被评为萍乡市劳动模范，2017年5月市委组织部提任范小敏为市远程办主任（正科级），并继续担任驻紫溪村第一书记，同时挂职银河镇党委副书记。2018年5月他获评江西省五一劳动奖章和江西青年五四奖章。2019年，他被评为全国"人民满意的公务员"，曾赴北京参加表彰会，受到习近平总书记、李克强总理的亲切会见。2021年，逢换届之年，范小敏又被破格提拔为湘东区副区长。

在紫溪村驻村期间，范小敏养成了一个习惯，坚持每天写工作日记，这里，我们摘录他写于2018年1月15日—20日的日记，以飨读者。这6天的日记，被归纳为"繁忙的一周"。

（一）组织村工作会议1次

1.在村委会2楼会议室召开村工作推进会，会议内容主要有：商议布置村"两委"换届选举前期准备工作，蔬菜基地管理，扶贫项目验收，扶贫项目报账，安全饮水工程等工作，并对相关工作分工部署。村高益福书记、王加胜主任、易建滨委员、何新华委员、村官曾海、镇机关干部易爱萍一同参加会议。

（二）汇报、对接工作6次

1.先后与县发改委转型办主任何勇，县委常委、农工部长刘宗萍，萍乡市建筑设计院杨军院长对接，到村田园综合体水体治理项目实地查看相关工作安排，后与村高益福书记、驻村队员刘磊商议做好接待陪同工作。

2.与二二六地质队工会主席柳湘联系商议邀请队领导本周到村调研指导工作。

3.到市信访局拜访李慧玲局长并邀请（其）到村指导工作。

4.到部里找管清华科长申请党建经费，汇报在村开展工作情况。

5.与刘磊到镇政府找镇党委副书记陈哲、司法所负责人等商议村水库回收相关工作，以及确定信访局领导到村调研行程安排。

6.到二二六地质队找队长李长志、队党委书记蔡文宇汇报扶贫工作，后找总工程师韩政兴对接村田园综合体测量工作。

（三）接待上级领导及相关部门到村调研指导工作4批次

1.与村高益福书记、镇机关干部易爱萍一起在村委会接待县委农工部部长刘宗萍一行，陪同他们一起到村踏勘田园综合体设计项目现场，和市建筑设计院随行负责人对接下一阶段的测量工作。

2.与驻村队员刘磊、村党总支书记高益福、村官曾海一起在村接待二二六地质队党委书记蔡文宇一行，并陪同他们到村白石塘组、蔬菜基地、脐橙基地、猕猴桃基地开展调研指导，后一同在村委会会议室参加扶贫工作座谈会，向领导汇报驻村工作组帮扶情况。

3.与镇长杨惠、镇司法所同志、刘磊、村高益福书记一起接待市信访局领导及军转干部一行，后陪同他们到村白石塘组、蔬菜基地、脐橙基地、紫溪幼儿园、猕猴桃基地开展调研。

4.与市信访局班子成员、军转干部一起，陪同市委副秘书长、市信访局局长李慧玲到村白石塘组、蔬菜基地、脐橙基地调研指导工作，县、镇相关领导陪同。

（四）参与市、部里相关工作2次

（五）参与银河镇相关工作1次

（六）参与村产业发展相关工作4次

1.陪同高益福书记，理事长杜放、傅伟昌查看拟建存储仓库地址。

2.与村干部一起在村委会接待脐橙基地理事长杜放、蔬菜基地理事长傅伟昌，后与他们一起到村蔬菜基地丈量耕地面积，并商议租地计划种植事宜。

3.与驻村队员刘磊、村高益福书记、易建滨委员、村官曾海一起，到紫溪塘组村民易强家做关于村收回水库的解释工作。

4.在村委与村官曾海一起商议村集体水库收回邀请镇司法所帮助调解事宜。

（七）参与村扶贫相关工作18次

1. 在村委会整理扶贫项目台账资料，部署环村公路路基建设监督及工程量统计等工作。

2. 与镇机关干部易爱萍在村委会碰头，核对环村路垫层工程量数据。

3. 与镇机关干部易爱萍一起到村大陂头、小学门口、猕猴桃基地等公路建设路段查看工程进度和质量。

4. 与二二六地质队总工程师韩政兴联系，对接村田园综合体下一阶段测量工作。

5. 与村官曾海一起在村委会整理扶贫项目台账等资料。

6. 从萍乡到紫溪村，后到村大陂头、猕猴桃基地等公路建设路段查看工程进度和质量。

7. 与镇机关干部易爱萍在村委会碰头，后一起到村大陂头公路建设路段丈量拓宽公路尺寸，统计材料总量，并做公示。

8. 从市政府到紫溪村的路上，其间与刘磊商议村扶贫项目建设工作和今日接待二二六地质队领导到村调研指导事宜。

9. 与驻村队员刘磊、村党总支书记高益福、村委员易建滨一起到村脐橙基地、猕猴桃基地、大陂头等公路建设路段查看工程进度和质量，其间分别与甘安华、段荣才碰头督促公路建设质量管理工作，并调度现场施工。

10. 在市政府工作队员碰头，商议村扶贫项目建设工作和今日接待二二六地质队领导到村调研指导事宜，后一同前往银河镇与其单位来村调研领导汇合。

11. 与镇机关干部易爱萍一起到村环村路建设路段查看工程进度和质量，并调度现场施工。

12. 与镇机关干部易爱萍一起到村大陂头、猕猴桃基地路面建设路段查看工程进度和质量，并组织现场施工，其间分别与辛远生、甘安华碰头，督促其按规范要求做好施工。

13. 到环村路大陂头公路路面建设路段查看工程进度和质量，其间与施工管理人辛远生碰头，督促其按规范做好施工。

14. 到村猕猴桃基地路面硬化路段查看工程进度和质量，其间与包工甘安华碰头，商议下一步工作安排。

15. 在村委会整理验收护坡工程量并统计相关费用。

16. 与镇机关干部易爱萍在村委会王主任办公室碰头，商议扶贫项目工程量统计工作，并部署下午工作安排。

17. 到村大陂头、猕猴桃基地路面硬化路段查看工程进度和质量，并组织现场施工。

18. 在村委会整理环村路水纹层工程量及费用。

（八）其他工作7项

1. 在市委组织部16楼会议室参加会议，领取会议材料，学习填表说明。

2. 在市委组织部里领取发给村里的手电筒，打印在村里工作的交通和伙食补助申请，向管清华科长汇报在村里的工作开展情况。

3. 到村绿行生态园找魏总拿回前期招待萍乡学院学生所用电器设备。

4. 与驻村队员刘磊一起到村沈加亮诊所，看望正在住院的村主任王加胜。

5. 与村官曾海在村委会碰头，商议整理村年底晚会使用材料。

6. 在银河镇学习村"两委"换届文件，向镇党委汇报村换届工作。

7. 与驻村队员刘磊、村官曾海在村委会碰头，一起到村白石塘组、蔬菜基地检查环境卫生，后与村官曾海一起到村环村路检查环境卫生。

……

从以上日记片段中可以看出，范小敏的日常工作的确是异常繁杂忙碌，几乎没有空闲的时间。扶贫工作内容的确琐碎而细致，没有足够的耐心和细心，是无法做好、做到位的，正是范小敏他们把扶贫工作当作自己的事业来对待、来实施，才能最终赢得村民尤其是贫困户的赞许！

上面日记中记载的内容，外人读到的似乎是琐碎杂乱，其实范小敏和工作队做的大量工作，仅从日记中是看不出来的。例如他们重点抓的"党建+"工作，在实践中取得了很好的效果，日记里无法反映得太具体。他们初到紫溪村，通过调研发现，村里党员不少，但发挥作用远远不足，首要原因就是党组织设置不合理。全村128名党员，只有一个党支部，分散在33个村民小组里，连开个支部会，人都难以到齐。范小敏恰好来自市委组织部，经请示市委组织部，由乡党委批准，将紫溪村党支部升格为党总支，下设5个党支部，其中紫溪党支部31人，欧家党支部24人，红卫党支部24人，农林基地党支部27人，流动党员党支部22人。基层党组织调整到位，扶贫政策宣讲到位，扶贫项目引进到位，这3个"到位"，大大调动了村干部的积极性。村党总支书记高益福这样表态：

村党总支一定团结带领全村党员和群众共同致富，决不让一户百姓在小康路上掉队！

圆 梦

高益福说到做到。2018年1月28日,正是隆冬季节,突然袭来的寒潮呼啸着掠过赣西大地。夜晚,紫溪村的气温降到零下3度,劳作了一天的村民都躺进了温暖的被窝,可是,高益福却带着村干部和部分党员忙碌在脐橙基地里。他们打着手电,给栽下才两年的脐橙幼苗套装麻袋御寒——这些脐橙幼苗是村里脱贫项目的希望所在,为了这个项目,村里已经投入了近20万元。从傍晚6时到凌晨1时,高益福和村里的干部、党员们整整忙碌了7个小时,连晚饭都没空吃。直到近百亩的脐橙幼苗全部套装完毕,大家才搓搓冻僵的手,端起一碗开水泡的方便面,来填饱饥肠辘辘的肚子。还有,紫溪村旧房拆除、改造工作之所以能做得那么好、那么成功,也全在于村干部身先士卒,起带头作用。高益福首先拆除自家的旧房,又做通亲戚的工作,让他们也拆除自家的旧房和危房,而后领着工作队的同志挨家挨户上门做工作。为了提高工作效率,尽快完成这项任务,高益福和村"两委"成员甚至带着村委会的公章上门,与各家各户签署拆房协议。过去,群众中有一句话:榜样的力量是无穷的。正因为党总支书记和村"两委"干部们带了头,紫溪村的拆除危房、旧房工作才进展得非常顺利。

← 紫溪党支部党员义务拓荒

在高益福的倡导下，紫溪村还公布了一份"权力清单"，与党务公开制度并行到位，将全村的重点工作内容、标准和时限亮给村民们知晓，凡涉及全体村民利益的问题，都作出公开、公平、公正的承诺，主动接受村民的监督——这样的举措，给了群众明白，还了干部清白，群众对村干部更加信任，村里的工作自然更好开展。

紫溪村里有一所全国罕见的学院：乡村振兴学院。它不是政府或企业主办的，而是乡村振兴示范区、社会治理创新区和紫溪田园综合体。而这"示范区""创新区""综合体"，从某个角度看，其实都是紫溪村的别称。

创办乡村振兴学院，理念新颖，创意独特，至少在江西省境内，尚无同类"样品"。这所学院以"实干、实用、实效"为办学意图，主要目的在培训基层党员干部和农村实用型人才，并开展乡村振兴理论的研究和探索。学院与其他正规大学不同之处在于，它以紫溪村为中心，多点串联和布局，打造了"3×3"的教学体系（即3节专题课，3节现场教学课，3节体验教学课），给学员以不同于传统课堂的学习体会和收获。学院拍摄制作了《百姓致富摆渡人》《范小敏的扶贫梦》的微视频，被中组部推荐到共产党员网上发布；还编写了《嬗变紫溪——党建＋乡村振兴的探索实践》教材，为学员提供"菜单式、模块式"的选修课程。这种"3×3"的教学体系，有效地帮助了学员提升党性修养和能力。

乡村振兴学院提供给学员的实践课堂有：

1.位于白石塘小组的"田园客厅"。紫溪村的田园综合体，就是"田园客厅"的重要组成部分，综合体内包含农产品展示厅、电商平台、合作社办公及企业招商洽谈场所、接待咨询服务等多元化的内容。

2.寿光智慧农业园，园内建有高标准冬暖式蔬菜大棚28个，其中展示棚6个，种植棚22个。大棚内具备自动放风、自动温控、水肥一体化运行等功能，通过互联网技术实现各大棚监控和管理，通过物联网实现全国产品销售，集智慧农业、观光农业、先进栽培技术和特色蔬菜种植于一体，能让学员学到在一般场合下学不到的内容。

3.花卉基地。花卉基地占地226亩，基地内高标准大棚、全自动喷灌系统等设施齐全，而且分为了新品种隔离区、精品花卉陈列区、水生植物盆苗区、观赏草地栽种区……总之，各种花卉在基地内依山傍水，形成湿地花岛、梯田花溪，水漾花影，别具神韵。

4.紫溪农耕互动园。农耕互动园面积不算大，占地16亩，围绕"果蔬飘香紫溪美，农耕互动乡野情"的主题，充分利用当地的自然生态，打造农耕体验区、农具展示区、现代农业观摩区、开心农场采摘区、自助包餐区等，所谓"麻雀虽小，五脏俱全"，是现场教学的好模板。

5."世外桃源"民宿点。紫溪村差不多每个村小组都打造了民宿，但位于三眼塘小组的这个民宿点，犹有特色。作为一个独立的村庄，其内外广种桃林，环境优雅、风景秀丽，四季气候宜人，村庄内设有休闲亭、文化广场等。由农户房屋改建的民宿，既参照了城市里星级宾馆的标准，又结合了当地农民的生活传统，装修得淳朴素雅，很受学员们和外来游客的青睐。

紫溪村的事迹，或者说紫溪村的"嬗变"，成了全省乃至全国脱贫攻坚战中的典型和"香饽饽"，不仅各个地方的人们前来观摩，国内媒体也来争相报道。据统计，这个村接受的观摩超过150批次；《农民日报》《中国组织人事报》《中国纪检监察报》《江西日报》《萍乡日报》以及人民网、江西文明网等多家媒体也发布了紫溪村的脱贫攻坚成就。紫溪，犹如一朵灿烂的玫瑰，绽放在萍水河畔，亦如一颗耀眼的明珠，闪耀在赣西的土地！

前面讲到了，芦溪县在三国时期孙皓为帝时，曾是萍乡县的县治所在地。1960年,萍乡改为县级市,1970年升格为省辖市,1971年,芦溪则成为萍乡市辖区。1997年,芦溪撤区设县,仍隶属萍乡市管辖。

芦溪的得名,源于武功山流下来的芦水,芦水在芦溪县境内蜿蜒流淌,经五乡五镇,全长119公里。芦水后来又称袁水,大约跟芦溪居袁水源头有关。袁水(即芦水)东流至宜春,从樟树注入赣江。

芦溪县在1927年曾经历了秋收起义的风雨,秋收起义在国民党反动军队的围歼下失败,时任秋收起义前敌委员会书记的毛泽东和秋收起义部队总指挥的卢德铭率领部队从湖南撤到萍乡,在芦溪县临时驻扎,然后继续向南撤退。部队在翻越一座名叫山口岩的山岭时,后继部队遭到国民党特务营和地方保安团的截击。听得身后激烈的枪声,卢德铭知道敌人跟上来了。他向毛泽东请示后,率一连战士返身冲入包围圈,救出被围部队。当他带着部队撤离战场时,却不幸被赶来打劫的地主武装的枪弹击中,英勇牺牲。悲痛的战士们将卢德铭就地掩埋,继续追赶主力部队而去。1982年,江西省人民政府在卢德铭牺牲地附近修建了卢德铭烈士陵园,2009年,卢德铭被评为100位为新中国成立作出突出贡献的英雄模范之一。

芦溪县与莲花县一山之隔,从芦溪翻过山岭就到了莲花。当年秋收起义部队就是从芦溪经莲花再入永新,而后登上井冈山的。后来,井冈山革命根据地建立,莲花县属于井冈山革命根据地的范围。

据说,莲花县是中国2000多个县(市、区)中,唯一一个以花卉名称命名的县,它于2015年1月,被中国花卉协会授予"中国莲花之乡"的美誉,恰与广昌县被授予"中国白莲之乡"相互映衬,相得益彰!

莲花县红色遗址保留至今的有30余处,如莲花一枝枪纪念馆、莲花革命烈士纪念馆、甘祖昌将军墓地、高滩红军行军会议旧址、棋盘山游击基地等。值得一提的是,莲花县境内还保留有气势磅礴的吴楚雄关——它虽然不属于红色遗址，但却铭刻了两千多年的历史记忆！

"莲花一枝枪"的故事，发生在秋收起义前夕。当时，江西省农会负责人方志敏来到莲花，在农民自卫团驻地的宾兴馆居住，他多次召集会议，宣传减租减息，发动农民运动。后来，国民党反动派背叛革命，将农民自卫团拥有的60支枪强行收缴，大部分枪支散失殆尽，只剩下唯一一支枪，由共产党员贺国庆保存。国民党反动派将贺国庆父亲抓住，逼问枪支下落，贺国庆的父亲不肯吐露半个字，敌人恼羞成怒，将他活活烧死。很快，贺国庆的弟弟也被逼得家破人亡、妻离子散。不过，不管敌人的如何迫害当地乡民，这支枪一直没被敌人收缴，成为革命群众手中有力的斗争武器。后来，毛泽东在《井冈山的斗争》一文中赞扬了"莲花一枝枪"的革命斗争精神。新中国成立后，宾兴馆改造成莲花一枝枪纪念馆，数十年间，慕名来参观者达数十万人次。莲花一枝枪纪念馆出版了《血泊火海》《红岭一枝枪》等书籍；中国人民解放军总政歌舞团和江西省京剧团均创作和演出了有关"莲花一枝枪"的剧本。1987年10月，毛主席的儿子毛岸青、儿媳邵华同志来到莲花，为纪念馆挥毫写下一首诗：

莲花一枝枪，

美名传四方，

昔日打江山，

今天保家乡。

莲花县辖5个镇、8个乡、1个垦殖场，其中坊楼镇在当代知名度最高，原因就在镇里出了1位解甲归田的开国少将：甘祖昌。

甘祖昌，中国人民解放军少将军衔，被称为"将军农民"。曾担任

06 赣西明珠今胜昔

萍乡市委书记的刘南方写过一本有关甘祖昌的传记,书名就叫《将军级农民:甘祖昌传》。甘祖昌1926年参加农民协会,1927年加入中国共产党。在他一生的革命事业中,历任湘赣军区红军兵工厂副科长,八路军一二〇师三五九旅供给部军需科科长、副部长、部长,西北野战军第二纵队后勤部部长,第一野战军二军后勤部部长等职。中华人民共和国成立后,甘祖昌担任新疆军区后勤部部长。他戎马一生,屡建殊荣,1955年,中国人民解放军第一次授衔,他获少将军衔。由于在战争中多次负伤,尤其是在一次车祸中头部受到撞击,留下了后遗症,他主动辞去职务,带着家人回到阔别了20多年的家乡莲花县坊楼镇沿背村,重新开始了他的农民生涯。

甘祖昌回乡当农民的事迹轰动一时,成为上世纪50年代的光荣典型。甘祖昌却不以所谓"典型"扬扬自得,而是真心实意、脚踏实地地为家乡尽心尽力服务,体现了老红军、

↑ 莲花县坊楼镇沿背村的水利工程

圆 梦

老将军不忘初心的崇高精神境界。他不辞辛苦地领着乡亲们修水库，建电站，架桥梁，改造冷浆田，栽种果树，他利用河道里的天然地形填石筑坝，几十年过去了，水坝还在使用。他经常深入实际，调查研究，一直坚持参加劳动，与群众同甘共苦。在他的努力下，全乡先后建起了江山陂、快省陂、峙垄陂、马家坳水库、龙潭水库等水利工程。

鉴于他在实践中积累了丰富的农林水利建设经验，江西省农科院聘请他为特约研究员。

身为将军，甘祖昌每月的薪金有330多元，在当地算很高的，但他自己家庭孩子不少，负担不小，他宁可自己种菜、养猪、养鸡，就连抽的烟也用自己种的烟叶制成，尽量把钱用到支援家乡建设上，还尽力帮助乡亲在经济上纾困解难。回乡29年，他为家乡修水库、建电站、修桥梁捐献的资金，仅乡、村政府有据可查的，就有85783元之多，这笔数字，占到他工资总额的70%以上。他平时为乡亲们救急解难拿出的钱，就更无法计算了。

附近村里有个青年叫刘海清，从小腿脚残疾不能站立，父亲又有肝病。每次上面派医生来给甘祖昌看病，甘祖昌总要把医生带到刘家去，让医生给刘海清看病。他还写了十多封信去外地访医求药，一心想让刘海清站起来。当他得知刘海清的腿实在无法治愈时，又出钱请师傅上门教他手艺。刘海清勤奋学习，掌握了一手娴熟的编织技术，自然也就增强了生活的信心。一次，刘海清的父亲肝病复发，住院缺钱，甘祖昌立即给县医院打电话："现在有个危重病人要入院，住院费记在我名下。"甘祖昌还主动在医院里给刘海清父亲当陪护，9天9夜没有离开，直到病人病情好转，转危为安。

甘祖昌一直对乡亲热情大方，但对自己却严格到苛刻的程度。他刚回乡时，和两个弟弟住一栋老屋，民政部门几次要为他在县城盖房，都

↑ 甘祖昌老宅（左）

被他谢绝了。后来，甘祖昌家里人口增多，老屋实在住不下了，他才自己花钱在老屋旁并联盖了一栋房屋。他住的"新家"里，同样极其朴素：泥土地面，褪了漆的家具，不宽敞的楼道连着客厅，卧室的墙上，挂着一个战争年代使用的打着补丁的黄挎包——总之，没有一件看着亮眼的东西。省民政厅厅长来看他，要补给他建房费，他却说什么也不要。甘祖昌被选为全国人大常委会委员，又担任了江西省政协副主席，有关部门专门准备了一笔钱，要给他配备小车，他也坚决摇头不允。他在回乡后留下的照片里，腰扎围巾，肩扛锄头，头戴草帽，挽着裤腿，完全是一副农民的打扮，与他身穿将军制服、肩章熠熠生辉的戎装，形成鲜明的对比！

甘祖昌的大女儿甘平荣成年后，很想去当兵，甘祖昌耐心地开导她说："就那么几个招兵指标，这里又有多少烈士的后代想去当兵啊，还是先让他们去吧！"后来，平荣提出去新疆当兵，她对父亲说："去新疆不占这儿的指标，你又是那儿的老部长，只要你一句话，准能办成。"甘祖昌说："新疆有新疆的指标，你插进去，不就打乱了国家的招兵计划吗？"直到平荣进入吉安卫生学校读书，部队到学校招卫生兵，平荣入了伍，才算如愿以偿。

甘祖昌有一个珍藏贵重物品的铁盒子，里面的东西从不示人。他去世后，人们打开一看才知道，盒子里只有他生前获得的3枚勋章：八一勋章、独立自由勋章、解放勋章。

甘祖昌逝世于1986年3月28日，终年81岁。噩耗传到沿背村，村里几百名村民拥到将军居住的老屋前致哀，许多人痛哭失声。4月1日，甘祖昌的遗体被送往萍乡火化，灵车过处，沿途百姓肃立在公路两旁，向这位无私地为人民服务了一辈子的老将军表示最后的敬意。

根据沿背村群众的要求，中共江西省委决定：甘祖昌将军的骨灰盒先在村里存放一年，然后再移至江西省烈士陵园。对甘祖昌将军来说，这可诚如鲁迅先生所说的：生受崇敬，死备哀荣！

这里，我们还必须讲一讲甘祖昌将军的夫人龚全珍。龚全珍，山东烟台人，西北大学教育系毕业，她是在新疆和甘祖昌将军结为伉俪的。丈夫解甲归田，她毫无怨言跟随丈夫来到人生地不熟的沿背村，当了一名乡村教师。她工作敬业、热爱学生，被提拔为南陂小学校长，后又调到甘家小学当校长。丈夫去世后，已经离休多年的她，受邀在龚全珍工作室担任辅导员，服务群众，扶贫助学，深得群众好评。2003年，龚全珍加入了莲花县县镇两级老干部宣讲团，进机关、入企业、下基层，作爱国主义传统教育报告。龚全珍工资收入虽比不上甘祖昌，但她4个女儿都成家立业了，她没有了经济上的负担，便学习丈夫，传承遗志，每个月都拿出几百元购买科普书籍，供社区青少年阅读。

龚全珍的无私奉献体现在方方面面。2015年3月的《江南都市报》刊载了记者陈艳伟的一篇新闻稿：《全国道德模范龚全珍签遗体捐赠书：

只要有用就全捐》，稿件写道：

"我有很好的身体条件，我是O型血，百年后烧掉就浪费了，如果遗体捐献能为医学事业做贡献，能为别人延续生命，只要有用就全捐。"3月17日上午，全国道德模范、2013年度感动中国人物龚全珍，在女儿甘仁荣九江的家中，郑重坚定地签下了遗体捐赠志愿书。"全捐！只要有用就全捐！"这是龚老签下自愿书后一直重复的一句话。

17日上午，江西省红十字会工作人员和第44届南丁格尔奖章获得者邹德凤一行来到甘仁荣家中看望龚全珍。聊天中得知红十字会遗体器官捐献可以帮助他人延续生命时，龚老当即表示了自己由来已久的捐献愿望。当甘仁荣问龚老愿意捐献遗体器官还是眼角膜时，龚老没有任何犹豫，坚定地说："全捐！只要有用就全捐。"

"以前，母亲在职的学校需要献血时，她总是第一个报名。"谈起龚老的捐献心愿，甘仁荣说，10多年前，听说遗体捐献可延续别人生命，便前往莲花县红十字会咨询，因当时捐献条件不成熟一直没完成心愿。

"我原本对母亲捐赠器官还有犹豫。"甘仁荣说，见到母亲谈起器官捐赠的那股坚持到底的韧劲，她就对母亲的做法非常支持。"我们家不迷信，原来认识确实不足，后来自己看了些宣传，觉得母亲的做法很伟大。尊重老人的选择，完成老人的心愿，这也是作为女儿最大的一份孝心。"

龚全珍的事迹和丈夫甘祖昌的事迹一样，特别感人，因此也备受瞩目。

2006年，龚全珍被江西省委宣传部、省教育厅国防教育办评为"全民国防教育先进个人"。

2008年，龚全珍被江西省委组织部、省老干局评为"优秀共产党员"。

2013年4月，龚全珍入围"中国好人榜"。

2013年5月，龚全珍被江西省妇联授予"江西省三八红旗手标兵"称号。

2013年9月，龚全珍被评为第四届全国道德模范并赴京领奖。

2013年9月26日下午，中共中央总书记、国家主席、中央军委主席习近平在北京接见第四届全国道德模范时指出，甘祖昌是我们的开国将军，江西的老红军。建国以后他当了将军，但是他回家当农民。我们当年做小学生的时候，就有这篇课文，在语文课里头就有"将军当农民"，受这个影响至今。半个多世纪过去了，看到老阿姨和甘祖昌将军一起艰苦奋斗过来，现在仍然在弘扬这种精神，看到她又被选为全国道德模范，出席我们今天的会议，我感到很欣慰。就是要把这样一种革命传统精神弘扬下去，不仅我们这一代要传承，我们的下一代，也要一代一代传承下去。

此后，龚全珍还获得了"感动中国"2013年度人物（2014年2月）、江西省优秀共产党员（2014年7月）、全国优秀共产党员（2014年10月）、"感动江西省十大教育年度人物"（2016年9月）……2016年的12月12日，龚全珍家庭被中央文明委表彰为第一届全国文明家庭。

甘祖昌夫妻的事迹犹如雷锋、焦裕禄的事迹一样，看似平凡，实则不易做到。正是因为这样，所以他们受到了广泛的宣传和赞扬。

2010年1月，电影《这样一位将军》拍摄完成并上映。

2016年7月，电影《老阿姨》上映，著名演员李雪健饰演甘祖昌，陶慧敏饰演龚全珍。

2018年2月，由八一电影制片厂出品的电视剧《初心》在央视一套晚间黄金剧场播出。

这几部电影和电视剧热忱宣扬甘祖昌、龚全珍夫妇不忘初心、牢记使命、勤劳为民的故事，感动了千千万万的观众，不少人为之洒下一捧热泪！

2013年7月，中共江西省委宣传部、江西日报社编的《龚全珍日记选》由人民出版社、江西人民出版社联袂出版，到2014年7月，短短1年时间重印6次。据悉，龚全珍老人一直有着一个文学梦，80多岁时还尝试写小说。有人读过她的日记赞叹说：老阿姨的文笔细腻真诚，不失为一剂净化心灵的良药；从日记中，可以看出一位老共产党员的本色、品格和力量。

甘祖昌——甘将军，龚全珍——老阿姨，这样一对老夫妻，尽管他们之间年龄相差18岁，但他们信仰相同、追求一致、相濡以沫、携手共进，服务于乡梓，服务于百姓。在村民眼里，他们是可亲可敬的普通人，在媒体眼里，他们是不平凡的英雄。他们不忘初心、牢记使命，过去是、今天仍然是大众的楷模！

在脱贫攻坚的伟大工程中，莲花县以甘祖昌、龚全珍这对模范典型，教育广大干部群众，提升大家的思想觉悟，齐心奋进，共同努力，将脱贫攻坚工作作为引领全县经济社会发展的首要任务抓紧抓实。江西省对全省107个县(市、区)2019年度脱贫攻坚成效进行考核评价，莲花县获得第11名的成绩，位列"好"的等次。2019年度资金绩效考核，莲花县也获评优秀等次——这是该县连续3年在这项考核中获优秀等次，由此，省财政厅给予莲花县成效考核和资金绩效考核共1500万元的项目资金奖励。

圆 梦

← 沿背村今貌

也就是在 2019 年，江西省人民政府正式批复同意该县退出贫困县行列。

甘祖昌的出生地沿背村，尽管甘祖昌夫妇俩在这里为村里做了不少好事，但基于长期以来落后的基础，老百姓依旧处于较为贫困的状态。2015 年以前，村民总体收入不高，而且溪流污染导致生活用水困难，穿村而过的南溪河两岸未做防护，土层裸露，极易遭受洪涝灾害，整个村、组没有一条好路。脱贫攻坚中，这个被定为省"十三五"重点贫困村的村庄，引起上面高度重视。省委书记、省长曾亲自来到这个村考察，与村民互动谈心，市委、市政府领导也不时到村里检查工作。省水利厅在沿背村挂点扶贫，进行全面规划，投入大量资金，不仅高度完善了村里的水利设施，还沿着沿背村直通县城的河道，打造了一条风光带。如今河道的两岸，河水清澈可鉴，风光旖旎诱人，村干部说，这条河里的水质，已达到 Ⅱ 类标准。

2016 年，市里在沿背村建立甘祖昌干部学院，努力走

06 赣西明珠今胜昔

一条以红色培训促进脱贫攻坚、乡村振兴的路子。学院的网站上这样介绍：

> 甘祖昌干部学院是江西省委重点支持建设的有特色的全国党性教育示范基地，也纳入中组部备案管理的党性教育基地之一，承担着面向全国党员干部开展党性教育的重要职责。学院是中共萍乡市委直属的正县级机构，市委书记兼任学院院长。学院坚持以习近平新时代中国特色社会主义思想为根本指针，以弘扬井冈山精神、苏区精神、安源精神和甘祖昌精神为己任，以传承红色基因、坚定理想信念、涵养优良作风为培训目标，是一所具有鲜明地域特色的干部教育培训机构。自2016年10月办学以来，短短四年时间，先后培训了来自全国26个省（直辖市、自治区）学员5万余名，现已形成了"一院两区"（沿背校区和城南校区）的发展格局。
>
> 沿背校区位于甘祖昌将军故里莲花县坊楼镇沿背村，作为

↑ 甘祖昌干部学院外景

圆 梦

← 甘祖昌干部学院俯瞰图

学院的诞生地（校本部）和特色教学基地，沿背校区采用"课堂在田野、吃住在农家、人人是教员、百姓齐参与"的培训模式，引导学员与村民同吃同住同劳动，聆听最真切的红色故事，体验"当一天农民"的艰辛与乐趣，从而有效打破传统教学有形的围墙，更打破了干部与群众之间"无形"的围墙，使学员在身临其境、润物无声中感悟初心、锤炼党性，受到广大学员交口称赞。

确实，甘祖昌干部学院是一所没有围墙的学院，它坐落在广袤的田野间，校园内外，环境优美，绿树成荫，纵横的马路沿校园周边蜿蜒而过，路上的行人和车辆，无不历历在目。校园内建有高大的教学综合楼和专家楼，教学设施完备，功能齐全，能够满足教学培训、宣传研讨、科研咨询、合作交流等活动需要，可同时容纳1000人的教学培训。

至于学员的住宿，学院本身建有学员楼。但同时萍乡市和莲花县考虑到要将学员培训与脱贫致富工作有效结合起来，便动员村里群众充分利用家中住房，改造成接待用的民宿。针对少数村民对花费精力收不回成本怎么办的疑虑，有位领导笑着回答：我保证这是给你们每家每户送1台"印钞机"来！

对于村里的贫困户，市、县扶贫办专门组建了一支大巴车队，学员迎来送往的运输，全部由车队负责。扶贫办、村"两委"动员所有贫困户积极参与其中，入股分红，凡参与大巴运输的贫困户，每年可增加收入数万元。村集体也可获得每年数十万元的收益。

沿背村还有一项异于别处的村庄的脱贫项目，就是组建了一支以贫困户为主体的演出队伍。凡是前来培训的学员，都要上一堂"必修课"，就是观看甘祖昌和龚全珍夫妻的事迹编成的节目。每场演出收费不高，3000元而已，这些收益主要发放给参演的"演员"，成为贫困户收入的又一个组成部分。

脱贫攻坚在沿背村取得了成功，沿背村和解甲归田的甘祖昌将军、将军夫人龚全珍老阿姨一样，获得了众多荣誉，让人尊重和钦佩。村里建了一座村史馆，将沿背村的发展史、脱贫史，包括甘祖昌将军的生平历史全面展示出来，供人参观。有位参观者详细了解了甘祖昌的事迹后，感动之余，赋诗一首：

红砖黑瓦看平房，
细辨缝条两色墙。
一半捐公仓廪满，
私囊不饱泽家乡。

村史馆还设置了一项特别的内容，就是将村里、乡里乃至县里的农

↑ 江西莲花，养殖户一年出栏五千只鸡，靠养鸡脱贫

副产品摆放在橱窗里，琳琅满目，花样繁多。这种展示，一方面宣传了村里的脱贫成果，另一方面还可现场销售村民的农副产品。从24岁起当村干部、2019年担起村支书担子的甘小荣颇为感叹地说："这次脱贫攻坚，让村民们看到了党的政策的强大效力，看到了工作队员的精神面貌。那些工作队的同志没日没夜在村里奔走忙碌，他们跟村民在一起的时间比跟家人在一起的时间多得多，真的值得我们基层干部学习。"她还表示，基层村干部的能力也在脱贫攻坚中获得了大大提升。她谈到自己的体会时说，如今当村干部，必须要做到"四会"：会说、会写、会做、会想，这四项能力，缺一不可！

莲花县扶贫办（现为莲花县乡村振兴局）主任刘志强，踏遍了莲花的山山水水，访遍了莲花贫困人口的家家户户。他向外地来访人员解释莲花县的得名，系因环县皆山，中间为县城、稻田、河流、塘堰和农家，整个地势状如一朵盛开的莲花。在全县的扶贫事业中，他作为主心骨、责任人，付出的心血无人可比，因此被荣幸地评为全国脱贫攻坚先进个人，参加了全国表彰会，并和众多模范代表一起，受到了习近平总书记的接见。

下面，我们要专门写到安源了。安源，是萍乡市的老城区，1993 年 5 月，经国务院批准定名为安源区。尽管这里有闻名全国的安源煤矿，是中国最早的一批近代工业发源地之一，但随着煤炭资源的枯竭，整个萍乡被定为资源枯竭型城市，安源的经济发展自然遇到瓶颈。工业无法反哺农业，农村里许多村庄一直停滞在贫困状

↑ 萍乡市安源区的初心农场

态，青山镇乌石村就是这样一个村子。

2015年，安源区派遣工作队下乡驻村，区妇联的朱琪受命来到乌石村，担任工作队队长、村第一书记——这一年，朱琪已经迈过不惑之年。她知道驻村扶贫是长期而艰苦的工作，担任工作队队长，更是责任重大，不可掉以轻心，自己必须全身心投入。不过她没有想到的是，这一驻村，竟整整待满了7年，不知不觉中，就度过了知天命之年。

为啥她在村里干这么长时间？不为别的，就是因为乌石村的群众舍不得她走！

她确实是个有心人，下到乌石伊始，她就有意识地用手机拍摄全村的变化过程，在一株葡萄树下，她有7张不同的"写真照"，那是每年一次的"必修课"，记录她在乌石村扶贫的印迹。她在乌石村7年，共拍摄了整整7大本照片，这些照片真实反映了一个原本贫穷落后的村庄在脱贫攻坚中取得的变化，反映了村民们从穷困迈向富裕的历程。2021年，江西省乡村振兴局在南昌举办脱贫攻坚成就展览，将她那7本相册统统借去展出，以图通过朱琪拍摄的照片，展示扶贫攻坚的成果。朱琪其实舍不得这些相册被借走，她说，那是她一生中留下的最深最深的记忆。

年过半百的朱琪，容颜依然保持得很好，身材苗条，面容看不到岁月的风霜。有记者问她何以能做到"驻颜有术"？她的回答自信又简单。她说，自从我来到乌石，就把乌石的百姓当自己的亲人看待，谁家有困难，谁家缺劳力，谁家无脱贫产业，谁家有卧床不起的病人，早就通过调查摸底，搞得清清楚楚。在贯彻上级指示、从事扶贫攻坚过程中，她跑市里、上区里，筹资金、争项目，在乌石村开展村容村貌的整治，使全村从村民的精神面貌到居住环境，都有了根本的改变。在这样紧张忙碌的过程中，她自己的心态也得到"滋养"，每当做成一件事，都会有一种自我感动的情绪油然而生。她和村民相处得情同手足、亲密无间，让全村人都看在眼里、暖在心里。

村里有一位李姓老人，被亲生儿子遗弃了10多年，孤身一人住在一个偏僻的破庙里，而且从来不敢回家。因为只要一回家，儿子就会狠狠地下手打他，有一次甚至把老人的腿都打断了。朱琪了解到这个情况，和村干部一起开着车到处寻找老人家，好不容易找到老人，只见年逾80的老人瘦骨伶仃、屎尿满身，让人不忍目睹。朱琪不顾脏臭，和村干部一起把老人接回村里，安顿到敬老院。老人每月有900元的养老金，可从来没领取过，朱琪帮他申领了这笔钱，支付给敬老院作为赡养经费。老人在敬老院度过4个春秋，后来患有老年痴呆，所有人都不认识，唯一能认识的人就是朱琪。

有一位叫黄清的女孩，父母双双都是聋哑人，而且都不识字，经济收入十分有限，一家人在村里感到低人一等。黄清也自幼养成孤僻的性格，从不主动和人说话。朱琪心里同情这一家人，她通过妇联，为黄清争取到一个上省妇干校学习电子商务的指标。黄清奶奶舍不得孙女，担心从没出过远门的孙女适应不了省城的环境，朱琪便开了车，带着黄清和奶奶专门到省妇干校去，见识了校园整洁优雅的环境，接触了学校的领导和老师，这一下，奶奶终于放下心了。黄清到学校学习后，为减轻家里负担，到校门外一家手机店打工，做勤工俭学，店里的女老板对她的表现很满意。当黄清准备参加妇干校组织的志愿者活动，向店主辞职时，女老板竟不同意。黄清毕竟没有太多社会经验，不知如何求解，于是将心中苦恼向朱琪妈妈诉说。朱琪告诉她，店主不同意你辞职，说明你的表现让她满意，她才舍不得你离开。你把自己的想法好好跟老板说明，老板一定会通情达理的。果然，黄清按照朱琪妈妈的办法，跟女老板细致地谈了自己的想法和期望，老板果然同意了她的辞职请求，并鼓励她好好走好未来的人生路。

圆 梦

乌石村把朱琪喊做妈妈的孩子并非只有黄清，朱琪在村里贫困户中认了不少干儿干女，年长的还有叫她姑姑甚至妹妹的。朱琪对干儿干女的关心培养，村民们有目共睹。朱琪有一个干儿子考上了南昌大学，一个干女儿考上了江西旅游商贸职业学院，送别之时，朱琪和他们合影留念，还给他们各自送了几百元红包作为求学资助。她曾带着两个贫困户家庭的女儿外出旅游，从未离开过村子的女孩们大开了眼界，对朱琪妈妈也增添了感激。

村里有一位叫黄仕芳的姑娘，腿脚残疾无法站立，只能靠一条板凳扶着行走，当然经济上也不能自立。以前村里没有男孩看上她，所以直到38岁仍未婚嫁。朱琪对她的关心可谓费尽心思，帮她募捐了一辆电动轮椅车，使她可以自主行走而"甩掉"板凳；又帮助她开了一家食品店，并跑前跑后，替她办好了开业手续，同时买了柜台，租下店面，又去定做了店铺牌匾——朱琪为店面取的名字叫"感恩食品超市"，意在感谢党的扶贫政策，感谢各级扶贫干部和乡亲们的支持协助。朱琪知道除黄仕芳外，村里村外还有一些大龄青年，由于缺少机会，没能婚配，她便筹划了一个相亲会，不光是乌石村，安源区和其他县的大龄青年都可来相亲，寻找自己中意的另一半。有位来自芦溪县的小伙子，看中了黄仕芳，并应邀到黄仕芳家接受她父母的"检验"。小伙子主

↑ 黄仕芳在她的感恩食品超市内

动帮黄家洗碗、做家务，黄仕芳父母对这位小伙子很满意。两个年轻人获得长辈首肯后，订下了婚约。

朱琪还曾筹办"三农群英会"，让乌石村脱贫攻坚中的典型人物、优秀干部和群众在会上亮相，畅谈脱贫体会和发展经验，很好地鼓舞了大家的干劲。

黄仕芳对朱琪怀着深深感激的心情，她口口声声叫朱琪"妈妈"，语调里充满真诚和敬意。朱琪说，自己在乌石村待了7年，离退休的日子不会远了。她离开乌石后，最放心不下的就是黄仕芳，毕竟，一个残疾人，将来还要结婚生子，以后生活的磨难还可能降临，那时候，将如何来帮助她呢？

2019年，朱琪获得江西"最美扶贫干部"称号，但她对荣誉看得很轻。她说，自己年纪不小了，那些年轻的公务员还要追求进步，有获奖的机会给他们才好。她还说，经过这些年脱贫攻坚，乌石村面貌已经彻底改变，基础打好了，下一步实行乡村振兴，条件就好多了。

朱琪之所以能全身心投入脱贫攻坚事业，与她的家庭分不开。她的父亲是位上世纪50年代入党的老党员，在党已经70年了。在庆祝中国共产党成立100周年前夕，党中央给老党员们颁发"光荣在党50年"纪念章，已经90多岁的朱琪父亲理所当然获得了1枚。老党员有一颗不忘初心的情怀，朱琪记得，她当初被派遣到乌石村扶贫时，父亲还以为她犯了错误被"贬"到农村去，直到朱琪带父亲到村里"参观"自己办公室里挂着的各种锦旗，老父亲又从中央电视台看到反映乌石村脱贫攻坚成果的新闻节目，看到女儿在电视里接受记者采访的镜头，心情终于豁朗起来。朱琪说，央视播放的有关乌石村脱贫攻坚的节目，老父亲通过回放，反反复复看了3遍，他对女儿说，看来你们确确实实为老百姓做了实事啊！

圆 梦

　　朱琪的丈夫是位公安民警，对妻子的扶贫事业也十分支持。两人有1个女儿，天赋很好，12岁便进入中央舞蹈学院学习舞蹈，曾获得亚洲舞蹈锦标赛冠军，也获得过国内赛事的冠军。女儿在北京建立了家庭，夫妻俩家中没有负担，便能一心一意投入到事业当中。从安源区她家居住的地方到乌石村，交通不大方便，有时丈夫便开私家车将朱琪送下村去。朱琪感慨地说，大家都说要感谢党、感谢政府，从我个人的角度，我还要感谢家庭、感谢丈夫，没有丈夫和家庭的支持，我的扶贫工作不可能做得这么顺利，这么成功！